Elemente der Politik

Herausgegeben von
H.-G. Ehrhart, Hamburg
B. Frevel, Münster
K. Schubert, Münster
S. S. Schüttemeyer, Halle-Wittenberg

Die ELEMENTE DER POLITIK sind eine politikwissenschaftliche Lehrbuchreihe. Ausgewiesene Expertinnen und Experten informieren über wichtige Themen und Grundbegriffe der Politikwissenschaft und stellen sie auf knappem Raum fundiert und verständlich dar. Die einzelnen Titel der ELEMENTE dienen somit Studierenden und Lehrenden der Politikwissenschaft und benachbarter Fächer als Einführung und erste Orientierung zum Gebrauch in Seminaren und Vorlesungen, bieten aber auch politisch Interessierten einen soliden Überblick zum Thema.

Herausgegeben von

Hans-Georg Ehrhart
Institut für Friedensforschung
und Sicherheitspolitik an der
Universität Hamburg, IFSH

Klaus Schubert
Institut für Politikwissenschaft,
Westfälische Wilhelms-Universität
Münster

Bernhard Frevel
Fachhochschule für öffentliche
Verwaltung NRW, Münster

Suzanne S. Schüttemeyer
Institut für Politikwissenschaft,
Martin-Luther-Universität
Halle-Wittenberg

Andreas Kost

Direkte Demokratie

2. Auflage

Andreas Kost
Universität Duisburg-Essen,
Deutschland

ISBN 978-3-531-19246-8   ISBN 978-3-531-19247-5 (eBook)
DOI 10.1007/978-3-531-19247-5

Die Deutsche Nationalbibliothek verzeichnet diese Publikation in der Deutschen
Nationalbibliografie; detaillierte bibliografische Daten sind im Internet über
http://dnb.d-nb.de abrufbar.

Springer VS
© Springer Fachmedien Wiesbaden 2013
Das Werk einschließlich aller seiner Teile ist urheberrechtlich geschützt. Jede Ver-
wertung, die nicht ausdrücklich vom Urheberrechtsgesetz zugelassen ist, bedarf der
vorherigen Zustimmung des Verlags. Das gilt insbesondere für Vervielfältigungen,
Bearbeitungen, Übersetzungen, Mikroverfilmungen und die Einspeicherung und
Verarbeitung in elektronischen Systemen.

Die Wiedergabe von Gebrauchsnamen, Handelsnamen, Warenbezeichnungen
usw. in diesem Werk berechtigt auch ohne besondere Kennzeichnung nicht zu der
Annahme, dass solche Namen im Sinne der Warenzeichen- und Markenschutz-
Gesetzgebung als frei zu betrachten wären und daher von jedermann benutzt
werden dürften.

Gedruckt auf säurefreiem und chlorfrei gebleichtem Papier

Springer VS ist eine Marke von Springer DE. Springer DE ist Teil der Fachverlags-
gruppe Springer Science+Business Media
www.springer-vs.de

Inhaltsverzeichnis

1	Einleitung	9
2	Historische Entwicklungen	16
3	Theoretische Ansätze	24
3.1	Starke Demokratie	27
3.2	Deliberative Demokratie	29
3.3	Rätedemokratie	31
4	Direkte Demokratie in Deutschland	33
4.1	Kommunale Ebene – Schrittmacherin	33
4.2	Beteiligungsformen in den Kommunen	36
4.2.1	Bürgerbegehren und Bürgerentscheid	38
	Exkurs: Der Bargaining-Effekt von Bürgerbegehren und Bürgerentscheiden	49
4.2.2	Direktwahl Bürgermeister und Landräte	52
4.3	Landesebene – Gestalterin und Mitläuferin	56
4.3.1	Volksinitiative / Bürgerantrag	58
4.3.2	Volksbegehren und Volksentscheid	60
4.4	Bundesebene – Bremserin	67
	Exkurs: Direktwahl des Bundespräsidenten – ein Denkmodell	70
5	Direkte Demokratie auf internationaler Ebene	74
5.1	Schweiz – der direktdemokratische Sonderfall	76
5.2	Europa – der dominierende Kontinent	79
5.3	Übrige Welt – der langsame Vormarsch	84
6	Ausblick	89
7	Glossar	95

Tabellenverzeichnis	108
Literaturverzeichnis	109
Kommentierte Literatur- und Internethinweise	113

Demokratie...

Demokratie entsteht, wenn man nach Freiheit und Gleichheit aller Bürger strebt und die Zahl der Bürger, nicht aber ihre Art berücksichtigt.
Aristoteles (384 bis 322 v. Chr.), griechischer Philosoph und Naturforscher

Demokratie: die Regierung des Volkes durch das Volk für das Volk (Government of the people, by the people, for the people).
Abraham Lincoln (geb. 12.2.1809, verst., ermordet 15.4.1865), 16. Präsident der USA (1861-1865)

Demokratie ist die Notwendigkeit, sich gelegentlich den Ansichten anderer Leute zu beugen.
Sir Winston Churchill (geb. 30.11.1874, verst. 24.1.1965), britischer Politiker und Staatsmann, Premierminister (1940-1945, 1951-1955), Literaturnobelpreisträger 1953

Sternstunde einer Demokratie: Wenn die Regierung sich dem guten Willen eines Volkes beugen muss.
Rudolf Rolfs (geb. 4.8.1920, verst. 12.4.2004), deutscher Satiriker, Schriftsteller und Theaterleiter

1 Einleitung

Eine funktionierende Demokratie lebt von der aktiven Mitwirkung ihrer Bürgerinnen und Bürger. Dieser Grundsatz ist – nach vielen Irrungen und Wirrungen – mittlerweile auch in Deutschland unstrittig und erwünscht. Will man die Menschen aber für praktisches Engagement gewinnen, wird man verstärkt ein spezifisches Augenmerk auf die Ausgestaltung des politischen Prozesses legen müssen, um effektive Möglichkeiten der Selbstorganisation zu schaffen. Konkret hat hier insbesondere die direkte Demokratie in den letzten Jahren einen Aufschwung erfahren und ist dabei in den Blickpunkt der Öffentlichkeit geraten.

Die Hinwendung zu Formen direktdemokratischer Politikentscheidungen kann auf relevante Prozesse des Wertewandels, veränderter Politik- und Lebensstile und damit korrespondierend neuen Prioritätensetzungen von Bürgerinnen und Bürgern sowie gesellschaftlichen Gruppen zurückgeführt werden. Glaubhaft wird diese Hinwendung auch durch eine langjährige stabile demokratische Alltagskultur, die zwischen dem einzelnen „Aktivbürger" und dem Staat das Beziehungsgeflecht einer „Zivilgesellschaft" herausbildete. Man kann den Begriff Zivilgesellschaft als ein Zusammenwirken und einen Zusammenhalt von friedlichen und freiwilligen Gemeinschaften von Bürgerinnen und Bürgern (z.B. losen Mitgliedschaften bis zu organisierten, nichtstaatlichen Interessenvertretungen) bezeichnen, die um bestimmter, gemeinsamer Ziele willen öffentlich tätig sind. Schließlich wirkte schon seit den 1960er Jahren in der „alten Bundesrepublik" eine Vielzahl von basisdemokratischen Initiativen und Bewegungen informell an der politischen Willensbildung mit. Zumindest begünstigend für die Einführung von direktdemokratischen Politikentscheidungen waren auch die friedliche Revolution 1989/90 in der ehemaligen DDR – verbunden mit der kritischen und beharrlichen Forderung der Bürgerinnen und Bürger beziehungsweise selbst organisierter Bürgerbewegungen nach erweiterten Beteiligungsmöglichkeiten. Dies korrespondierte mit der – nicht immer ganz freiwilligen – Einsicht der parlamentarisch Verantwortlichen, primär die Gemeindeordnungen und teilweise auch Landesverfassungen im Hinblick auf mehr Bürgerbeteiligung reformieren zu müssen und dabei dem Partizipationsbedürfnis der Bevölkerung Rechnung zu tragen beziehungsweise auf diesem Wege einer befürchteten Verdrossenheit an den etablierten Parteien und Politikern entgegenzuwirken. Die durch diese Sachverhalte angestoßene Entwicklung wurde in den verschiedenen Gemeindeordnungen und Landesverfassungen schließlich institutionell gefasst.

In der Wirklichkeit moderner Staaten bezeichnet „direkte Demokratie" alle durch Verfassung und weitere Rechtsvorschriften ermöglichten Verfahren, durch die die stimmberechtigten Bürgerinnen und Bürger eines Staates, eines Bundeslandes oder einer Kommune politische Sachfragen durch Abstimmung selbst und unmittelbar entscheiden bzw. auf die politische Agenda setzen. Direkte Demokratie ist dabei in der Regel eine Ergänzung und Erweiterung des politischen Entscheidens in repräsentativen Demokratien, wo politisch verbindliche Entscheidungen im Rahmen der Verfassungsordnung von gewählten Repräsentanten getroffen werden. Eine gewisse Differenzierung ist im Übrigen zwischen den Begrifflichkeiten der direkten Demokratie und der partizipatorischen Demokratie (angelehnt an Teilhabe, Teilnahme) zu treffen. Partizipatorische Demokratie strebt eine öffentliche Willensbildung und die Gestaltung einer Zivilgesellschaft vieler Menschen im Sinne von Teilhaben auch über den politischen Bereich (siehe Wirtschaft, Gesellschaft, Privatsphäre) hinaus an und nicht primär durch (Volks-)Abstimmungen, wie es der direkten Demokratie zu Eigen ist.

Entsprechend Verfassungsordnung und ausgeübter Praxis dominiert jedoch die politische Organisationsform der „repräsentativen Demokratie" in der Bundesrepublik Deutschland. In diesem System regelhafter Institutionen betraut das Volk – als politische Gemeinschaft – per Wahl verantwortliche repräsentative Politikakteure (Parlamentarier) mit der Ausübung politischer Herrschaft, damit diese kollektiv bindende Entscheidungen treffen dürfen. Ein solcher verliehener *Machtgebrauch*, der auf Legitimitäts- und Effektivitätskriterien beruht, ist durch Recht und Verfassung gesichert, um wiederum möglichem *Machtmissbrauch* vorzubeugen. Dabei ist die repräsentative Demokratie nicht automatisch partizipationsfeindlich, da sie durchaus direktdemokratische Politikinstrumente in das politische System integriert.[1]

Zu den wichtigsten Instrumenten der direkten Demokratie zählen auf staatlicher Ebene das *(Verfassungs-)Referendum*, die *Volksinitiative*, das *Volksbegehren* und der *Volksentscheid*, auf der kommunalen Ebene der *Einwohner-* oder *Bürgerantrag* sowie das *Bürgerbegehren* und der *Bürgerentscheid*. Zu den Elementen der direkten Demokratie dürfen (unter gewissem Vorbehalt) auch weitere Instrumente gezählt werden, die den Bürgerinnen und Bürgern eine direkte Beteiligung am politischen Prozess oder einen Einfluss auf die Auswahl des politischen Personals ermöglichen, so z.B. die Direktwahl der Bürgermeister oder der Landräte auf kommunaler Ebene. Die Ministerpräsidenten auf Landesebene sowie Regierende und Erste Bürgermeister der drei Stadtstaaten Berlin, Hamburg und Bremen werden vom Volk nicht direkt gewählt. Auch der Bundespräsident als Staatsoberhaupt der Bundesrepublik Deutschland ist einer direkten Volkswahl entzogen und wird in einem repräsentativen Sinne stellvertretend durch die sog. Bundesversammlung gewählt. An dieser Stelle soll nicht verschwiegen werden, dass es in der wissenschaftlichen Diskussion hinsichtlich der Direktwahlmöglichkeiten von Personen auch Auffassungen gibt, die durchaus plausibel einer Zuordnung zur direkten Demokratie widersprechen. (Schiller/Mittendorf 2002: 11) oder dies zumindest kritisch betrachten (Patzelt 2005: 255). Richtig ist, dass die

---

1 Im Bewusstsein einer politisch aktiven Bevölkerung wurden jedoch vermeintliche Funktionsdefizite der repräsentativen Demokratie als Herausforderung verstanden. In der sog. Partizipatorischen Revolution (*Barnes/Kaase* 1979; *Kaase* 1982), die, ausgehend von den amerikanischen Bürgerrechtsbewegung Ende der 1950er Jahre, schließlich alle **hoch** entwickelten demokratischen Industriegesellschaften erfasste, sollten durch neu entstehende Formen politischer Partizipation bisher inaktive Gruppen an den politischen Prozess herangeführt, Einflussmöglichkeiten bereits aktiver Bevölkerungsteile effektiver und damit die Distanz zur politischen Ordnung verkleinert werden bzw. die Wünsche der Regierten durch die Regierenden stärker Berücksichtigung finden.

Urwahl von Bürgermeistern und Landräten in die repräsentativen Sphären der Kommunalwahlen eingebunden und daher nicht als eigentliches direktdemokratisches Instrument anzusehen ist. Jedoch wurden diese Direktwahlen ausschließlich zu wählender Personen als Amtsträger häufig parallel mit weiteren (direkt-)demokratischen Kommunalverfassungsreformen (siehe z.b. Bürgerbegehren und Bürgerentscheide) eingeführt, so dass eine Einbeziehung nicht ungerechtfertigt erscheint (Wehling 1994b: 26, Weixner 2006: 130). Außerdem werden sie auch mit direktdemokratischen Instrumenten verknüpft (siehe die Abwahlmöglichkeit von direkt gewählten Bürgermeistern per Bürgerentscheid). Der Autor möchte daher diese Form unmittelbarer Bürgerentscheidungen im Laufe des Buches zumindest kurz skizzieren.

In einem weiteren, eher theoretischen Sinne versteht man unter „direkter Demokratie" eine Herrschaftsordnung, in der die Verfassung der politischen Gemeinschaft und alle verbindlichen politischen Entscheidungen grundsätzlich von allen stimmberechtigten Bürgern bestimmt werden. Dieses Modell einer Politik durch die Vollversammlung aller Bürger kann nur in kleinen politischen Gemeinschaften realisiert werden, wie sie etwa in der antiken Polis gegeben war. In der politischen Theorie hat der französisch-schweizerische Philosoph Jean-Jacques Rousseau am radikalsten das Idealbild einer direkten Demokratie gezeichnet.

Als normativer Anknüpfungspunkt wird aus demokratietheoretischer Sicht auf den Topos „Volksherrschaft" Bezug genommen, da die Volkssouveränität die höchste Legitimationsbasis darstellt. Allerdings behalten sich die repräsentativen Steuerungsakteure (sprich verantwortlichen Politiker) vor, wofür sie Bürgerentscheidungen öffnen, um aus einer Vielzahl von politischen Themen Sachbereiche herauszufiltern. Damit wird ersichtlich, dass direktdemokratische Partizipationsinstrumente keine eigenständigen und „frei schwebenden" Beteiligungsformen sind, sondern innerhalb der repräsentativen Demokratie institutionell gefasste Politikinstrumente.

Ein komplementäres Verhältnis von direktdemokratischen Komponenten und repräsentativer Demokratie muss jedoch auch berücksichtigen, ob direktdemokratische Politikentscheidungen auf der Output-Seite einen Niederschlag finden, um über ein allgemeines Demokratiepostulat (mehr Bürgerbeteiligung = mehr Demokratie) hinaus bewertet werden zu können, da sie sonst auf die Input-Seite des politischen Systems beschränkt bleiben. So sollte direkte Demokratie auch nach Effekten von Bürgerbeteiligung fragen, und ebenso sollte der Umfang der Bürgerbeteiligung mit den Funktionserfordernissen des politischen Systems und seinen Institutionen abgestimmt sein. Die bisher zu beobachtenden Anwendungen und teilweise aufgetretenen Unzulänglichkeiten der „Strukturen" in Deutschland haben aber nicht dazu geführt, den prinzipiellen demokratischen Fortschritt direktdemokratischer Verfahren in Abrede zu stellen. Obwohl diese Partizipationsinstrumente kaum zum politischen „Alltagsgeschäft" gehören, haben nicht nur Parteien, sondern gerade auch Bürgerinitiativen und einzelne bzw. sich zusammenschließende aktive Bürger diese Form der unmittelbaren Bürgerbeteiligung für sich entdeckt. Auch wenn die allermeisten Entscheidungen weiterhin in den Volksvertretungen, insbesondere Gemeinderäten und Landtagen fallen,[2] ist die beschworene Gefahr eines elitären Moments der Gegenmobilisierung durch stärker institutionalisierte Akteure – Parteien, Verwaltungen – geringer ausgefallen als zunächst vermutet werden konnte.

Doch ist direkte Demokratie auch zweck- und zielorientiertes Handeln und zugleich abhängig von den jeweiligen politisch-institutionellen Kontexten. Unter demokratietheoretischen Gesichtspunkten können dabei direktdemokratische Instrumente das politische System entlasten, um die – vor überzogenen Erwartungen nicht selten überforderte – repräsentative Demokratie differenzierter zu beurteilen und um die Akzeptanz politischer Entscheidungen zu erhöhen. So haben die Menschen das Bedürfnis, bei wichtigen politischen Entscheidungen mitbestimmen zu wollen (dies hat sich bei Umfragen über mögliche Volksabstimmungen zur Einführung der Europäischen Verfassung oder einer zukünftigen Aufnahme der Türkei in die Europäische Union gezeigt). Die An-

---

2 Der Bundestag bleibt hier praktisch ausgeblendet, da bis auf die Artikel 29 und 118 GG (Neugliederung der Länder) überhaupt keine direktdemokratischen Entscheidungsmöglichkeiten auf Bundesebene existieren.

wendung direkter Demokratie könnte es den Menschen erleichtern, Veränderungen zu akzeptieren, da sie auf Sachverhalte selbst Einfluss nehmen. Werden daher direktdemokratische Elemente in das repräsentative System eingebaut, kann dieser Aspekt tatsächlich gewisse entlastende und Legitimation stiftende Wirkungen für das Modell der repräsentativen Demokratie hervorbringen.

Wie soll aber nun der bedeutsame Themenkomplex der direkten Demokratie dem interessierten Publikum vermittelt werden?

Der Konzeption der ELEMENTE-Buchreihe folgend, soll auf politikwissenschaftlicher Basis den Leserinnen und Lesern in komprimierter Form eine Einführung und erste Orientierung über das Thema „Direkte Demokratie" angeboten werden. Für den Autor, der hauptberuflich in der politischen Bildung tätig ist, ist es ein selbstverständliches (und immer wieder anzustrebendes) Anliegen, einen breiten Adressatenkreis mit der Relevanz zentraler politischer Fragen vertraut zu machen und dabei dem Kriterium der Verständlichkeit möglichst gerecht zu werden. Denn staatlich organisierte politische Bildung, wie beispielsweise umgesetzt durch die Landeszentralen und die Bundeszentrale für politische Bildung, hat unter anderem die wichtige Aufgabe, die Bürgerinnen und Bürger in der Wahrnehmung demokratischer Verantwortung in Staat und Gesellschaft zu unterstützen und ein Forum für entsprechende Diskussionsprozesse zu bieten.

Zur Orientierung sollen den Leserinnen und Lesern in diesem Band folgende Gliederungspunkte dienen: Neben Beschreibungen historischer Entwicklungen zur Einführung direktdemokratischer Elemente in Deutschland werden auch die frühhistorischen Ausgangsbedingungen demokratischer Teilhabe der antiken Attischen Demokratie und entsprechende Folgeentwicklungen skizziert. Daran anknüpfend werden einige Theorieansätze kurz porträtiert, die sich dem Spektrum der direkten Demokratie zuordnen lassen und die primär auf normativen Demokratietheorien fußen. Diese stellen insbesondere Bezüge eines anzustrebenden Postulats von „demokratischen Wertegemeinschaften" her. Eine historische Zäsur fand dabei im 18. Jahrhundert statt, da die theoretische Konzeption der absoluten Volkssouveränität und des Volonté Générale (frz. = Gemeinwille, allgemeiner Wille) von Jean-Jacques Rousseau entwickelt wurde und fortan eine Vielzahl nachfolgender Demokratietheorieansätze auf ihn zurückging. So sind hier beispielsweise das Konzept der „Starken Demokratie" von Benjamin Barber, die Ansätze der deliberativen Demokratie (bekanntester Vertreter Jürgen Habermas), aber auch die nicht verwirklichte Utopie des Rätemodells zu nennen. Konkret bezogen auf die bundesdeutsche Praxis stehen dann die Instrumente direkter Demokratie im Mittelpunkt der Betrachtungen, welche auf Kommunal-, Länder- und Bundesebene anzutreffen sind. Die kommunale Ebene als Schrittmacherin und manchmal quasi direktdemokratisches Experimentierfeld der Landesebene enthält die thematischen Schwerpunkte Bürgerbegehren und Bürgerentscheid sowie eingeschränkt die Bürgermeisterdirektwahl (siehe auch Direktwahl des Landrats). Aber auch weitere Formen unmittelbarer Demokratie auf kommunaler Ebene (z.B. Unterrichtung der Einwohner, Anregungen und/ oder Beschwerden, Einwohner- oder Bürgerantrag) werden kurz vorgestellt. Auf der Landesebene, die eine direktdemokratische Gestalterinnen-, aber auch Mitläuferinnenrolle spielt, werden Volksinitiative/Bürgerantrag sowie Volksbegehren und Volksentscheid untersucht. Einige perspektivische Anmerkungen über die bescheidenen direktdemokratischen Ausprägungen zu Volksabstimmungen auf Bundesebene, der praktisch eine Bremserfunktion zugeschrieben werden kann, sollen das Gesamtbild der staatlichen Ebenen abrunden. Institutionelle Voraussetzungen, empirische Ergebnisse zu direktdemokratischen Sachverhalten sowie (sparsame) Bewertungen bilden den inhaltlichen Rahmen. Schließlich soll ein Blick über den deutschen „Tellerrand" hinaus noch dazu verhelfen, die nationale Gesamtsituation in einem größeren Zusammenhang mit direktdemokratischen Beispielen aus dem Ausland betrachten zu können. Hierzu werden einige kurze Beschreibungen über direktdemokratische Elemente auf internationaler Ebene herangezogen. Das abschließende Glossar zur direkten Demokratie und das kommentierte Literatur- und Internetverzeichnis sollen der zusätzlichen Veranschaulichung der Gesamtthematik dienen.

2 Historische Entwicklungen

Die ursprüngliche Entstehung der Demokratie ist nicht auf einen exakten Termin zu datieren, aber vor ungefähr 2500 Jahren wurden im antiken Griechenland Reformen entwickelt, so z.B. durch den Athener Staatsreformer Kleisthenes (geb. um 570 v. Chr.), die als Vorläufer einer auf das Prinzip der Volkssouveränität gegründeten politischen Ordnung gelten können. In diesem Zusammenhang ist es durchaus hilfreich, den Demokratiebegriff mit einem stammwörtlichen und begriffsgeschichtlichen Rückblick zu verbinden. Denn „Demokratie" setzt sich aus den griechischen Wortbestandteilen *demos* = Volk und *kratein* = herrschen zusammen. Demokratie ist also eine Herrschaft des Volkes. So wurde im antiken Griechenland ein Verfassungstypus, wenn auch nicht vergleichbar mit den Prinzipien heutiger Gewaltenteilung, eingesetzt, der bereits demokratische Ansätze im Sinne von direkter Demokratie zeigte. In der sog. Attischen Demokratie, die im 5. Jahrhundert v. Chr. zur vollen Blüte gelangte und zugleich die Zeit der größten Machtentfaltung und kulturellen Bedeutung Athens darstellte, wurde einem Teil der Bevölkerung über Volksversammlungen (Ekklesia) das Recht zur politischen Beteiligung zugestanden. Dort wurden Gesetze erlassen, und es wurde auch über Krieg und Frieden entschieden. Diese Volksversammlungen ließen keine Vertretung zu, da nur die „Bürger" Zutritt hatten. Frauen, Kinder, Sklaven und Metöken (Bewohner Athens auswärtiger Herkunft) waren vom politischen Beteiligungsprozess ausgeschlossen. Für die 30.000 männlichen Vollathener gab es dagegen ein politisches Rede- und Stimmrecht sowie die Möglichkeit der Ausübung von politischen Ämtern mit Rotation, in denen der Vorsitzende täglich(!) ausgetauscht wurde. Die Übernahme eines politischen Amtes wurde dabei übrigens mit einer Ausgleichszahlung versehen. Untereinander waren die Stimmen der „Bürger" im Übrigen durchaus auch nicht gleichberechtigt, da Besitz und Herkunft eine wesentliche Rolle spielten.

Die Entwicklung zur Attischen Demokratie in der Geschichte Athens verlief dabei nicht wirklich zielgerichtet, sondern dauerte über mindestens zwei Jahrhunderte an und führte nach Beseitigung des Königtums erst einmal zu einer Oligarchie der Adelsgeschlechter. Die Herausbildung der klassischen Attischen Demokratie gelang schließlich durch die Umsetzung unterschiedlicher struktureller Reformen, die aus der Bewältigung von politischen Krisen resultierten und zu einer institutionell eingebundenen Mitverantwortlichkeit der Vollbürger für das Gemeinwesen führten.

Ausgehend von der ursprünglichen Wortverwendung wurde in der griechischen Antike „Demokratie" praktisch nur als Begriff der Staatsformenlehre verwendet. Demokratie stellte für bedeutende und einflussreiche politische Philosophen wie Platon, Aristoteles sowie andere klassische Denker nicht eine besondere Form der Gesellschaft, sondern ihrer staatlichen Herrschaftsorganisation dar, in der alle herrschen. Insbesondere Aristoteles hatte mit seiner Typologie der drei „guten" Staatsformen und ihrer Entartungen (Tyrannis = Gewaltherrschaft, Oligarchie = Herrschaft einer kleinen aristokratischen Schicht, Demokratie oder Ochlokratie = Pöbelherrschaft) neben quantitativen Merkmalen („Wer herrscht?") auch qualitative („Wie wird geherrscht?") geltend gemacht, wobei die Demokratie bei ihm insgesamt schlecht abschnitt. Als Entartungsform der Politie[3] beschrieben, verblieb die Demokratie für fast zwei Jahrtausende in der Folge dieses Verdikts im Bannkreis polemischer Begriffskonnotationen (Guggenberger 2005: 135). Einsetzend mit dem peleponesischen Krieg (431-404 v. Chr.) und dem Siegeszug Philipps II. von Makedonien und Alexander des Großen (338 v. Chr.)

---

3 Der Begriff bezieht sich nach Aristoteles auf die Verfassung als politische Ordnung überhaupt, meint aber auch eine spezielle Verfassung als diejenige unter den guten, am Gemeinwohl orientierten Staatsformen, in welcher die Herrschaft auf viele verteilt ist (im Gegensatz zum Königtum und zur Aristokratie). Später entwickelte Aristoteles die Politie als gemischte Verfassung aus Demokratie (der armen Vielen) und Oligarchie (der reichen Wenigen), um einen quantitativen und qualitativen Ausgleich zu erzielen, der die vielen durchschnittlichen Handlungskompetenzen zu einer relativ besten Gesamtqualität summiert.

wurde auch das vorläufige Ende der Demokratie eingeläutet. Neue Impulse für die Demokratie setzten dann vom Ende des 17. Jh. bis in das 19. Jh. im Zeitalter der Aufklärung[4] mit deren Philosophien ein. Ideen von Freiheit, Gerechtigkeit, Solidarität und Toleranz trafen einen breiten Resonanzboden, und es entwickelten sich unterschiedliche ideologische Strömungen (siehe Liberalismus, Sozialismus, Konservatismus). Die von Aristoteles favorisierte Politie enthielt jedoch eine ganze Reihe von Merkmalen, die insbesondere im Gefolge der Französischen Revolution positiven Sichtweisen von Demokratie recht nahe kommen sollte.

Ähnliche Volksversammlungen wie in der Attischen Demokratie gab es allerdings auch schon im späten Mittelalter an zahlreichen Orten Europas. So existieren beispielsweise urkundliche Aufzeichnungen aus dem Jahre 1447 über die Praxis in Fosses-la-Ville, eine Stadt im damaligen Fürstenbistum Lüttich, in der die Organisation der Lokalverwaltung und die Aufgaben des politischen Alltags von einem Gemeinderat übernommen wurden, der jedes Jahr per Volksversammlung neu gewählt wurde. Unter Einschluss der Rezeption vormoderner Erfahrungen der Antike, ersten Demokratieformen ab dem 16. Jahrhundert in den Niederlanden und der Schweiz (hier als Urform die Landsgemeinde) wurde die direkte Demokratie im 17. und 18. Jahrhundert in den neuenglischen Gründerstaaten der USA über sog. Town Meetings und dem revolutionären Frankreich mit seinen aufkeimenden radikaldemokratischen Ideen schließlich weiterentwickelt. Der Schweiz fiel letztlich bei der weiträumigen faktischen Anwendung direkter Demokratie eine Schlüsselrolle zu, da sie zwischen 1830 und 1890 direktdemokratische Ideen und Modelle (re)importierte und zuerst in einigen Kantonen und später im Bund etablierte. Die im 19. Jahrhundert neu entstandene Schweiz, hervorgegangen aus demokratischen Oppositionsbewegungen gegen das herrschende liberale Einparteienre-

---

4 Das Aufklärungszeitalter war eine geistesgeschichtliche Epoche, die von England („age of enlightenment") und Frankreich („siècle des lumières) ausgehend sich zu einer der bestimmenden Denkrichtungen des europäischen Geisteslebens entwickelte. Ihr Grundanliegen bestand darin, dem Menschen mit Hilfe der Vernunft zum „Ausgang aus seiner selbstverschuldeten Unmündigkeit" (Immanuel Kant) zu verhelfen.

gime, wurde zu einem Synonym für ein Land mit tatsächlich weitgehenden Volksrechten. Versinnbildlicht wurde dies zwischen 1867 und 1869 mit der Erarbeitung der damals direktdemokratischsten Verfassung der Welt durch die Demokratische Bewegung des Kantons Zürich (Gross 2002: 14). Noch vor dem Ende des 19. Jahrhunderts wurden die Volksrechte in fast allen schweizerischen Kantonsverfassungen und im Bund verankert (1874 fakultatives Referendum, 1891 Volksinitiative zur Teilrevision der Verfassung).

Diese Entwicklungen in der Schweiz inspirierten bereits vor ca. 100 Jahren eine ganze Reihe von Demokraten in anderen Ländern konkret nach demokratischen Alternativen zu suchen. Teilweise existierte in einigen Ländern ein Unmut, der durch mangelnde Problemlösungsfähigkeit oder auch Ignoranz gegenüber den Bürgern in manchen Parlamenten hervorgerufen wurde. Unter ausdrücklichem Bezug auf die Schweizer Erfahrungen wurden bis zum Ersten Weltkrieg in 18 US-Bundesstaaten sowie in Australien und Neuseeland Volksrechte verankert. Nach dem Ersten Weltkrieg folgten Volksrechte in den baltischen Staaten und in der Weimarer Republik – ein historischer Gesprächsstoff, der bis zum heutigen Tag in Deutschland Kontroversen auslösen kann.

In der Weimarer Republik, der ersten parlamentarischen Demokratie auf deutschem Boden, wurde der Bevölkerung ein unmittelbares Mitbestimmungsrecht per Verfassung eingeräumt. Die Republik, die nach dem Zusammenbruch des Kaiserreiches 1918 entstanden war, durch die sog. Novemberrevolution ausgelöst wurde und sich in der Weimarer Nationalversammlung 1919 konstituierte, versuchte ihre demokratischen Ambitionen unter anderem auch mit dem Artikel 73 der Reichsverfassung zum Ausdruck zu bringen. In diesem Artikel wurde dem Volk das Recht zugebilligt, dem Reichstag mit mindestens 10 Prozent der Unterschriften der Wahlberechtigten einen Gesetzesvorschlag zu unterbreiten. Stimmte der Reichstag einem zulässigen Entwurf nicht zu, kam es zu einem Volksentscheid. Allerdings mussten mindestens 50 Prozent der stimmberechtigten Wahlbevölkerung an dem Volksentscheid teilnehmen und außerdem eine Mehrheit für das eingereichte Volksbegehren stimmen, damit es Gültigkeit erlangen konnte. Die drei tatsächlich zugelassenen Volksbegehren, die während der

Zeit der Weimarer Republik (1919-1933) auf Reichsebene durchgeführt wurden, blieben jedoch allesamt erfolglos. So scheiterte 1926 die von KPD und SPD betriebene „Fürstenenteignung" trotz überwältigender Zustimmung (96,1% Ja-Stimmen) am geforderten Beteiligungsquorum von 50 Prozent. Immerhin votierten aber 14,5 Mio. Bürger für eine entschädigungslose Enteignung der Fürsten. Das Volksbegehren „Panzerkreuzerverbot" – unterstützt von der KPD – scheiterte 1928 bereits mit nur 1,2 Mio. Unterschriften an dem zehnprozentigen Unterstützungsquorum zur Unterbreitung eines Gesetzesvorschlages. In der historischen Rückschau wurde immer wieder der dritte Begehrensfall „Young-Plan" aus dem Jahre 1929 problematisiert. Der Young-Plan regelte Reparationsforderungen der Alliierten nach dem Ersten Weltkrieg. Obwohl er nach seriösen Auffassungen dem Reich Vorteile gegenüber dem Status quo sicherte, polemisierte die organisierte Rechte (insbesondere NSDAP und DNVP) gegen ihn. Das Volksbegehren war allerdings die einzige direktdemokratische Aktion der Rechten während der Weimarer Republik, die politische Bedeutung erlangte. Schließlich scheiterte der durchgeführte Entscheid mit einer Stimmbeteiligung von nur 14,9% (vgl. ausführlicher Schiffers 2009: 71-90). Die Erfahrungen, die in der Weimarer Republik mit Elementen direkter Demokratie gemacht wurden, führten insbesondere in den Anfangsjahren der Bundesrepublik Deutschland dazu, eine überwiegend kritische Haltung gegenüber dieser Demokratieform einzunehmen. So hatten ja Demagogen, speziell die Nationalsozialisten beim „Young-Plan", eine Hetzkampagne gegen die demokratische Republik entfacht. Es wurde eine Gefahr beschworen, dass Volksbegehren eine Emotionalisierung und Polarisierung des Wahlvolkes auslösen könnten und Vernunftentscheidungen keinen ausreichenden Platz mehr fänden. Festzuhalten bleibt aber, dass die Weimarer Republik nicht durch Plebiszite und Referenden untergegangen ist, sondern dass – neben antidemokratischen Haltungen in der Gesellschaft (gerade auch der Eliten), institutionellen Schwächen des politischen Systems, wirtschaftlichen Problemen und einer Reihe anderer Ursachen – die Nazis am Ende durch Parlamentswahlen an die Macht kamen. Der Form halber sei an dieser Stelle erwähnt, dass während der Zeit des Nationalsozialismus

(1933-1945) drei Plebiszite (Austritt aus dem Völkerbund 1933, Übertragung des Reichspräsidentenamtes 1934 auf Hitler, Anschluss Österreichs 1938) stattfanden. Aufgrund der vorherrschenden Repressalien und der Etablierung eines Terrorregimes durch die Nazi-Machthaber waren diese Abstimmungen nicht frei, sondern dienten in erste Linie dazu, bereits vollzogene Maßnahmen zu „legitimieren" (vgl. ausführlicher Jung 2009: 91-102).

Nach Ende des Zweiten Weltkrieges und Untergang des „Dritten Reiches" 1945 setzten die alliierten Siegermächte USA, Großbritannien und Frankreich in den westdeutschen Besatzungszonen einen Parlamentarischen Rat[5] ein, welcher der neu zu gründenden Bundesrepublik Deutschland eine Verfassung geben sollte, die den Grundprinzipien westlicher Demokratien entsprach. Wobei an dieser Stelle durchaus zu erwähnen ist, dass in fast allen diesen westlichen Demokratien neben den parlamentarischen auch direktdemokratische Entscheidungsregeln vorgesehen waren. Der eingesetzte Parlamentarische Rat verstand sein verfassungsgebendes Werk – das 1949 verabschiedete Grundgesetz – als ein Provisorium für eine Übergangszeit. Diese Haltung war in einem geteilten Nachkriegsdeutschland nicht unbedingt verwunderlich, dessen bisherige schwache demokratische Traditionen genauso wie seine Städte in Trümmern lagen. Hinsichtlich der möglichen Einführung direktdemokratischer Elemente erschienen die infrastrukturellen Voraussetzungen einer funktionierenden Kommunikation zur Durchführung von Volksabstimmungen in der damaligen Zeit zudem zweifelhaft. Eine gewisse Zaghaftigkeit war dem Parlamentarischen Rat auf Bundesebene in dieser Frage jedoch nicht abzusprechen, da bereits in den Jahren 1946/47 sieben neue Landesverfassungen einem Referendum unterworfen wurden und in diesen Landesverfassungen Elemente von Volksgesetzgebung sich wiederfanden. Auch die Westmächte standen zunächst der generellen Einführung des Grundgesetzes durch Volksabstimmungen in

---

5 Parlamentarischer Rat bezeichnet die Verfassung gebende Versammlung der Bundesrepublik Deutschland, die aus 65 Mitgliedern der westdeutschen Länderparlamente bestand und die zwischen September 1948 und Mai 1949 das Grundgesetz für die Bundesrepublik Deutschland entwarf und verabschiedete.

den einzelnen Bundesländern positiv gegenüber. Die sich abzeichnende Teilung Deutschlands und die herannahende Konfrontation mit den kommunistischen Machthabern in der Sowjetischen Besatzungszone, die ihre Herrschaft unter Zuhilfenahme bestellter und manipulierter Volksabstimmungen sichern wollten, führten zum Durchbruch eines primär repräsentativ-parlamentarischen Systems in der Bundesrepublik Deutschland. Schließlich verzichteten die Westmächte auf ein Referendum über das Grundgesetz.

Rund 40 Jahre nach Einführung des Grundgesetzes erfuhr die direkte Demokratie durch das Ende der kommunistischen Herrschaft in weiten Teilen Mittel- und Osteuropas einen beachtlichen Schub. Fast alle der in diesen Staaten nach dem Zusammenbruch des kommunistischen Systems entstandenen neuen nationalen Verfassungen wurden mit Elementen direkter Demokratie versehen beziehungsweise von den neuen Demokratien per Volksabstimmungen angenommen. Während es zwischen 1980 und 1990 weltweit 129 nationale Volksabstimmungen gab (davon etwas über die Hälfte in der Schweiz), verdreifachte sich mehr als soviel diese Zahl im folgenden Jahrzehnt.[6] Der direktdemokratische Schub ist noch nachvollziehbarer, wenn man die subnationalen Initiativ- und Referendumsabstimmungen mit berücksichtigt. Mittlerweile haben allein in Deutschland alle Bundesländer Verfassungen mit Volksrechten aufzuweisen und zahlreiche Erfahrungen mit über 2.000 landesweiten und kommunalen Volksabstimmungen gemacht. Allerdings zählt Deutschland bis heute zu den europäischen Ausnahmestaaten, die noch nie eine nationale Volksabstimmung durchgeführt haben. In Westeuropa gibt es jedoch Staaten, die nicht nur eine Tradition, sondern auch eine deutliche Zunahme von Volksabstimmungen seit den 1990er Jahren erfahren haben. Dazu

---

6 Von insgesamt 405 nationalen Volksabstimmungen zwischen 1990 bis 2000 fanden mehr als die Hälfte in Europa statt, nämlich 248 und davon „nur" noch 115 in der Schweiz. 78 Abstimmungen gab es in Kanada und Lateinamerika, 37 in Afrika, 26 in Asien und 16 in Ozeanien. Diese Zahlen lassen sich in den beiden Publikationen „IRIE Country Index on Citizenlawmaking 2002" (Juni 2002) und „IRIE Report on the growing importance of Initiatives and Referendums in the European integration process" (November 2002) der drei Schweizer Bruno Kaufmann, Adrian Schmid und Andreas Gross nachlesen.

zählen insbesondere Italien, Dänemark, Irland und San Marino. Die meisten Erfahrungen mit Volksabstimmungen in o. g. Zeitraum in Mittel- und Osteuropa wurden in Litauen, Polen, Slowenien und der Slowakei gemacht. Für die Qualität der direkten Demokratie ist jedoch nicht die Anzahl der Volksabstimmungen entscheidend, sondern in einem praktischen Sinne, wie diese zustande kommen und wie die entsprechenden Verfahren und Mehrheitserfordernisse ausgestaltet sind (Gross 2002: 14). Und es bedarf durchaus auch theoretischer Reflexionen, um die direkte Demokratie in gesamtgesellschaftliche Kontexte einordnen zu können.

3 Theoretische Ansätze

Insgesamt betrachtet sind theoretisch zusammenhängende Erkenntnisse von direkter Demokratie noch ausbauwürdig. Bis zum heutigen Tage wurde keine einheitliche Theorie der direkten Demokratie entwickelt, welche zu verbesserten und exakteren Einsichten in die bestmögliche Gestaltung dieses Systems geführt hätte. Zumindest wurden aber schon recht fruchtbare Bemühungen unternommen, einen theoretischen Zusammenhang zwischen direktdemokratischen Verfahren und den jeweiligen politischen Systemen, in denen diese vorkommen können, herzustellen (Jung, Sabine 2001).

Direkte Demokratie ist grundsätzlich erst einmal ein Zusammenspiel von unterschiedlichen in den jeweiligen Verfassungen und Gesetzen festgeschriebenen Mitwirkungs- und Mitbestimmungsrechten der Bürgerinnen und Bürger und bedeutet die unmittelbare Einwirkung in einem politischen System auf eine bestimmte Entscheidung. Dies geschieht unter Umgehung von Repräsentanten in Form von Abstimmungen durch Entscheidungen über Personen als Amtsträger[7] oder als Votum über Sachfragen.[8] Damit unterscheidet sie sich vom allgemeinen Wahlprinzip. Dabei wird nicht, im prinzipiellen Gegensatz zur reinen repräsentativen Demokratie, die Volkssouveränität auf die Wahl von Parlament und/oder Regierung beschränkt. Gleichwohl wird direkte Demokratie hier nicht als Gegenprinzip zur repräsentativen Demokratie verstanden, sondern als eine Ergänzung im Prozess politischer Entscheidungsfindung. Weiterhin können verschiedene Formen

---

7 Bei den Personalentscheidungen handelt es sich um die Direktwahlmöglichkeiten des Bürgermeisters oder Landrates auf kommunaler Ebene.
8 Zu den Sachvoten rechnet man Volksinitiative, Volksbegehren und Volksentscheid auf Bundes- und Landesebene sowie Bürgerbegehren und Bürgerentscheid auf kommunaler Ebene.

direkter Demokratie unterschieden werden, und zwar verfasste oder nicht verfasste und auf welche Ebene des politischen Systems sie abzielen. Verfasst ist direkte Demokratie an der Politik, wenn sie auf verbindliche Art institutionell verankert ist. Dies ist bei Einbindung in das Grundgesetz, einer Landesverfassung oder in einer Gemeindeordnung der Fall. Dazu können z.b. die kommunalen Partizipationsinstrumente Bürgerbegehren und Bürgerentscheid, die in den Gemeindeordnungen aufgeführt sind, gerechnet werden – im Gegensatz zu der nicht verfassten Beteiligungsform der Bürgerinitiative. Die Zielebene des politischen Systems, die durch eine Handlung erreicht werden soll, verbindet spezielle Beteiligungsformen der Bürger einmal auf den zentralen Systemebenen (Bund und Länder) und zum anderen in der Gemeinde.

In der repräsentativen Demokratie übt das Volk die Herrschaft mittels repräsentativer Organe (Parlamente und ihre Volksvertreter) aus, die auf Verfassungsgrundlage in allgemeinen Wahlen turnusmäßig konstituiert werden. Durch die Repräsentation kommt der Volkswille als Herrschaftsform nicht ungeteilt und unmittelbar zum Ausdruck, sondern dies geschieht „lediglich" im Namen des Volkes, ohne dass es einen explizit bindenden Auftrag für die gewählten Volksvertreter beziehungsweise Abgeordneten gibt. Die Repräsentanten setzen die Willensbildung des Volkes erst in Gang und interpretieren und antizipieren eigenverantwortlich politische Entscheidungen. Zwischen Repräsentanten und Repräsentierten muss damit ein Auftrags- und Vertrauensverhältnis bestehen (vgl. Fraenkel 1991). Es gilt eine grundlegende Balance herzustellen, in der sowohl die Unabhängigkeit und Ermessenskompetenz der Abgeordneten als auch der Wahlauftrag durch das Volk im Rahmen der verfassungsmäßig festgelegten Grenzen austariert werden. Der politische Willensbildungsprozess über Parteien und Wahlen, in dem die Volksvertreter das (freie) Mandat erlangen und in Sachfragen für die Wählerinnen und Wähler bindende Entscheidungen treffen, steht zumindest in einem Spannungsverhältnis zu den Elementen direkter Demokratie, die gleichwohl in den meisten repräsentativen Demokratien, wie auch in der Bundesrepublik Deutschland, vorzufinden sind.

In der Verfassungswirklichkeit sind Konzeptionen der direkten Demokratie in Reinform jedoch bisher nicht verwirklicht worden. Jean Jacques Rousseau, französisch-schweizerischer Philosoph, Schriftsteller und Pädagoge (geb. 28.6.1712, verst. 2.7.1778), gilt als einflussreicher theoretischer Begründer der klassischen und normativen Demokratietheorie(n), welcher die Ideen der direkten Demokratie weiterentwickelt hat. Er entwarf eine Konzeption der absoluten Volkssouveränität nach dem Credo, dass jedes Gesetz, das das Volk nicht persönlich bestätigt hat, null und nichtig und damit kein Gesetz sei. Diese rigide Vorstellung oder auch Fiktion beruht auf einem homogen gedachten allgemeinen Volkswillen (volonté générale) und der Annahme, dass der Mensch von Natur aus gut sei und in öffentlichen Angelegenheiten tugendhaft handeln müsse (vgl. Rousseau 1977). So gilt bei Rousseau von vornherein ein (allerdings nicht belegtes) Gemeinwohl, in dem Regierte und Regierende identisch sind und eine Unterscheidung zwischen Herrschenden und Beherrschten obsolet wird. Der Gegensatz zur repräsentativen Demokratie wird dabei an dieser Stelle besonders deutlich. Rousseaus Ideal einer direkten Demokratie enthält keine Gewaltenteilung und Repräsentation, dafür aber die Freiheit aller Bürger, wobei nicht befriedigend geklärt ist, wie diese sich dem Gemeinwohl freiwillig untergliedern sollen – eine Vorstellung, die ohne Zwang kaum denkbar sein dürfte und Rousseau außerdem den Vorwurf eingetragen hat, ein Vorläufer des modernen Totalitarismus zu sein. Als ein Vertreter einer modifizierten Konzeption der direkten Demokratie beziehungsweise eines volonté générale gilt der ehemalige deutsche Bundesverfassungsrichter Gerhard Leibholz (geb. 15.11.1901, verst. 19.02.1982), der in der Entwicklung zum Parteienstaat die rationalisierte Erscheinungsform der plebiszitären Demokratie sah. Der Parteienstaat stellt einen Ersatz für die direkte Demokratie dar, und die jeweilige Mehrheit in Parlament und Regierung bildet den allgemeinen Volkswillen ab (vgl. Leibholz 1958).

Solche modifizierten Konzeptionen wären für Rousseau nicht akzeptabel gewesen, weil sich damit nicht die Vorstellungen eines absoluten identischen Gemeinwillens realisieren ließen. Auch wenn in der heutigen Zeit – es darf dabei nicht übersehen werden, dass Rousseaus Ideen im spannungsreichen Vorfeld der Französischen

Revolution ihren Ursprung hatten – direkte Demokratie einen deutlich moderateren Anstrich aufweist, läuft sie auf tendenzielle Aufhebung von Herrschaft hinaus. Dieses gesellschaftliche Prinzip ist ihr zu Eigen und hat unter Bezugnahme auf Rousseau einige durchaus bedeutende, insbesondere normative demokratietheoretische Ansätze zur Folge gehabt. Drei relevante und häufiger rezipierte Theorieansätze dieser Richtung sollen daher (ohne Anspruch auf Vollständigkeit) stellvertretend präsentiert werden: Starke Demokratie, Deliberative Demokratie und Rätedemokratie.

3.1 Starke Demokratie

Am unmittelbarsten beruft sich in der heutigen Zeit der amerikanische Politikwissenschaftler Benjamin Barber (geb. 02.08.1939) mit seinem Konzept der „Starken Demokratie" auf Jean-Jacques Rousseau. Barber ist ein zweifellos einflussreicher Theoretiker, der unter anderem die Regierung des früheren US-Präsidenten Bill Clinton beraten hat. Er kritisiert den Zustand repräsentativer Demokratien (nicht zuletzt bezogen auf die USA) und lässt die Vorstellung von Rousseau wieder aufleben, dass Repräsentation Gift für die Demokratie sei. Anknüpfend an die sozialphilosophische Lehre des Kommunitarismus[9] rechtfertigt er dagegen theoretisch als Alternative die direkte Demokratie. Nach Barber sind die existierenden liberalen Demokratien faktisch nur am Output orientiert und stellen lediglich instrumentalistische Gebilde dar, die den Gemeinschaftsgedanken vernachlässigen und zu sehr das Individuum betonen. In diesem Zusammenhang wird die kapitalistische Orientierung liberaler Demokratien kritisiert, da der Kapitalismus eine Mitschuld an der abnehmenden Solidarität der Menschen trüge

---

9 Die aus dem amerikanischen hervorgegangene Strömung des Kommunitarismus wendet sich gegen einen ausufernden Individualismus und tritt vielmehr für eine Erneuerung gemeinschaftlicher Werte ein, um ein Fundament für eine gerechtere politische Ordnung zu schaffen. Das gemeinsam durch sozialen Austausch geschaffene Gute soll höhere Priorität genießen als das kurzfristig individuelle Interesse. So fordert der Kommunitarismus eine Rückbesinnung auf sog. urdemokratische Werthaltungen.

und damit das Fehlen gemeinsamen politischen Handelns begünstige (Bevc 2007: 269).

Barbers Hauptwerk „Strong Democracy" (deutsch „Starke Demokratie" 1994) enthält eine partizipatorische Demokratietheorie, die normativen Grundsätzen zuzuordnen ist. Grundlage für die Theorie ist die Erkenntnis eines Demokratiedefizits und die Beschreibung eines erstrebenswerten Zustands. Voraussetzung für eine positive Änderung ist dabei eine fortwährende Beteiligung der Bürger am politischen Prozess, um eine starke Demokratie zu garantieren und um dadurch bestehende Probleme zu lösen. Laut Barber existiert kein gesichertes Wissen, Wahres und absolut Richtiges – auch die Politik verfügt nicht darüber. Diese muss vielmehr Handlungsoptionen und Entscheidungen jenseits der drei genannten absoluten Bedingungen schaffen. Realisierbar ist dies nur durch einen „partizipatorischen Prozess fortwährender, direkter Selbstgesetzgebung sowie [die] Schaffung einer politischen Gemeinschaft, die abhängige, private Individuen in freie Bürger und partikularistische wie private Interessen in öffentliche Güter zu transferieren vermag" (Barber 1994: 147). Eine konkrete Forderung von Barber ist in diesem Zusammenhang eine neue „Architektur des öffentlichen Raums". So kann beispielsweise eine direktdemokratische Beteiligung durch landesweite Nachbarschaftsversammlungen – bestehend aus 1.000 bis 5.000 Bürgern – erfolgen, die mit gesetzgeberischen Kompetenzen auf kommunaler Ebene ausgestattet werden.

Für Barber stehen die repräsentativ-liberalen Demokratien der Idee der politischen Teilhabe entgegen, weil sie aus den Menschen fremdbestimmte Objekte des Regierens statt autonome Subjekte des Entscheidens geschaffen haben. Sein Partizipationsmodell will die Menschen in die Lage versetzen, autonome Entscheidungen zu treffen und sich miteinander zu solidarisieren. Eine zentrale Kategorie dieses Gesellschaftskonzepts ist die Bereitschaft, auch die Perspektive von anderen Menschen zu übernehmen, selbst wenn dies gegen die eigene Überzeugung und den eigenen Vorteil erfolgt, der Allgemeinheit allerdings dagegen zugutekommt. Ob dieses Konzept der Gemeinschaft jedoch konsensfähig ist, kann nicht schlüssig beantwortet werden, weil es die Pluralität der Lebensstile und die Vielfalt der Meinungen zwangsläufig reduziert (vgl. Bevc 2007: 276).

Insgesamt betrachtet besteht die Strategie Benjamin Barbers darin, die Zivilgesellschaft, den bürgerlichen Raum, zu stärken, weil dort Kommunikation stattfindet (mit den Nachbarn sprechen, Benefizaktionen planen, Organisieren von Veranstaltungen und vieles mehr) und die Menschen als öffentliche Wesen agieren, indem sie wie eine Regierung Sinn für öffentliche Aufgaben und Achtung vor dem Gemeinwohl haben. Anders als eine Regierung wird jedoch kein Anspruch auf die Ausübung eines Gewaltmonopols erhoben. Das Konstrukt einer Zivilgesellschaft enthält nach Barber einen öffentlich-politischen Charakter ohne Zwang und ist gleichzeitig freiwillig-voluntaristisch, ohne privatisiert zu sein. Die letztgenannten Aspekte zur Zivilgesellschaft beinhalten einige Analogien, die auch in dem Konzept der deliberativen Demokratie zu finden sind.

3.2 Deliberative Demokratie

Die theoretische Strömung der deliberativen Demokratie verfolgt das Ziel, politische Entscheidungen an öffentliche Meinungen zu binden, die durch rationale Diskussion bzw. diskursive Aushandlung (Deliberation) entstanden sind. Nur die Anbindung von Entscheidungen des politischen Systems an zivilgesellschaftlich artikulierte öffentliche Meinungen, so ein zentraler Ansatzpunkt der Theorie, kann den Anspruch auf demokratische Legitimität rechtfertigen. Deliberative Demokratie setzt dabei auf die aktive partizipatorische Mitwirkung aller Bürgerinnen und Bürger. In Deutschland wurde diese Konzeption insbesondere von dem renommierten Philosophen Jürgen Habermas (geb. 18.06.1929) entwickelt. Andere bedeutende internationale Vertreter einer deliberativen Demokratie sind beispielsweise James S. Fishkin und Seyla Benhabib.

Der einflussreichste Ansatz einer Theorieentwicklung aus diesem Umfeld ist jedoch Jürgen Habermas zuzuschreiben. Seine Vorstellungen einer deliberativen Demokratie sollen den internen Zusammenhang von Rechtsstaat und Demokratie verdeutlichen (Habermas 1992). Demokratie schafft durch einen öffentlichen

Diskurs der rationalen Willens- und Meinungsbildung die Grundlagen einer aktiven Zivilgesellschaft. Der Diskurs, der aus Diskussionen und Beratungen besteht, muss prinzipiell öffentlich und für jeden gleichermaßen zugänglich sein sowie ohne Druckausübung erfolgen. Die Akteure haben lediglich als Kommunikationsvoraussetzung eine einheitliche Sprache sowie den Verfahrensmodus der Argumentation einzuhalten. Für politische Diskurse sind alle Themen relevant, die im allgemeinen Interesse geregelt werden können (Habermas 1992: 370 f.). Ein zentraler Bestandteil der deliberativen Demokratie ist, dass Einzelinteressen nicht unwidersprochen gelten können, sondern durch öffentliche Diskussionen gefiltert werden. „Entscheidend ist, dass im Modell der deliberierenden Demokratie die politisch vollzogene Sozialintegration durch einen diskursiven Filter hindurch muss, der die institutionalisierte verfahrensregulierte Öffentlichkeit und die plurale Öffentlichkeit der Zivilgesellschaft miteinander verbindet. So mobilisiert sich kommunikative Macht, die ihren Ausdruck im Recht finden kann." (Hofmann 2004: 213). Mit dem Rechtsaspekt soll auch das normative Potenzial des demokratischen Rechtsstaates hervorgehoben werden. Insgesamt setzt das Modell der deliberativen Demokratie auf informelle Netzwerke der zivilgesellschaftlichen Assoziationen und betont die plebiszitären und basisdemokratischen Elemente (Bevc 2007: 294).

Eine wiederkehrende Kritik, die an dem Modell der deliberativen Demokratie geäußert wird, lautet, dass eine Umsetzung hinsichtlich der Teilnahme am Diskurs von ca. 80 Millionen Menschen in Deutschland utopisch ist. Würde der Diskurs außerdem über die Medien in die Öffentlichkeit transportiert, bestünde die Gefahr einer systematischen Kommunikationsverzerrung, weil die Medien nicht automatisch das veröffentlichen, was an Informationen für einen öffentlichen Diskurs notwendig wäre. Medien sind erst einmal gezwungen, ihre „Informationsware" nach eigenen Regeln zu verkaufen. Andererseits läge gerade im Diskurs die Möglichkeit zur Aufklärung, der sich (zumindest) langfristig auch die Medien nicht entziehen könnten. Der Leitsatz „Nur die Argumente zählen!" kann sicher nur als Idealvorstellung zur Meinungsbildung betrachtet werden, da zwischen der Vielzahl von Diskursteilnehmern auch verschiedene Machtgefälle vorherrschen dürften, die ein neutrales Abwägen der Argumente erschweren. Dieses Problem wird im theoretischen Konzept der deliberativen Demokratie durchaus identifiziert und neben dem vermeintlichen negativen Einfluss der Medien als Schweigespirale bezeichnet. Dennoch bleibt die „Öffentlichkeit" ein ganz zentraler Bezugspunkt für das Konzept, dessen idealistischer Ansatz zur Verbesserung der politischen Kultur unstrittig ist. Vielleicht lässt sich Deliberation auch nur auf kommunaler Ebene verwirklichen, weil das Konzept an räumliche Größenordnungsgrenzen stößt, um letztlich nicht nur als utopische Wunschvorstellung eingestuft zu werden. Als Utopie gilt hingegen nach vorherrschender Meinung das Konzept der Rätedemokatie, welches zumindest aber auf historische und konkrete (wenn auch nur kurzfristige) Vorbilder verweisen kann.

3.3 Rätedemokratie

Als weitere Konzeption der direkten Demokratie gilt die sog. Rätedemokratie, die beispielsweise ansatzweise zu Beginn der Russischen Revolution 1917, in der Münchener Räterepublik 1918/19, im Spanischen Bürgerkrieg 1936-1939 und beim Ungarischen Volksaufstand 1956 praktiziert wurde (vgl. Bermbach 1970; Tschudi 1952). Ausgehend von einer prinzipiellen Identität von Regierenden und Regierten wird als theoretische Annahme dem Volk eine totale Kompetenzzuständigkeit in allen relevanten Lebensbereichen zugebilligt. An dieser Stelle gelangt auch die volonté générale, der Allgemeinwille des Volkes, wie schon von Jean Jacques Rousseau eingefordert, wieder eine zentrale Bedeutung.

Im Rätemodell stellt sich dieser Allgemeinwille automatisch und permanent ein, weil er die ständige Teilnahme aller Bürger an allen Entscheidungen zur Voraussetzung hat. Das Gemeinwohl dient als Leitprinzip, welches egoistische Interessen des Einzelnen oder partikulare Interessen von Gruppen ständig unterbinden soll. Entscheidungen werden durch die Bürger basisbezogen getroffen. Dieses soll über Volksversammlungen und Basisgruppen geschehen und eben auch durch Instrumente direkter Demokratie wie Volksbegehren und Volksentscheiden. Insofern ein Parlament –

lediglich aus Gründen der Größe eines Gemeinwesens – mit gewählten Delegierten überhaupt existieren muss, ist es ausführendes Organ des Allgemeinwillens des Volkes. Damit die Parlamentarier sich nicht als eigenmächtige Elite verselbständigen und sich vielmehr weiter an den Volkswillen gebunden fühlen, werden mit Hilfe des imperativen Mandats, des Rotationsprinzips, der Abwahlmöglichkeit gewählter Repräsentanten und durch direkte Volkswahl Kontrollmechanismen eingebaut (Lösche 2005: 162).

Eine tatsächliche Verwirklichung der Rätedemokratie hat jedoch bisher nicht stattgefunden. Die oben skizzierten historischen Ansätze fanden in der Regel ein abruptes und schmerzvolles Ende. In der Sowjetunion gewann in den Wirren der Oktoberrevolution bald die kommunistischen Bolschewiki die Oberhand und führten rücksichtslos eine „Diktatur des Proletariats" ein, die nichts anderes als die Alleinherrschaft einer Partei bedeutete und für Räte keinen Platz mehr übrig hatte. Die sog. Münchener Räterepublik, in der ein sozialistischer Staat errichtet werden sollte, wurde von Freikorps militärisch niedergeschlagen, in Spanien wurde das Ansinnen einer Räterepublik im spanischen Bürgerkrieg vom Franco-Regime und auch der Kommunistischen Partei zunichte gemacht, und in Ungarn wurde die Idee einer annähernd zu realisierenden Rätedemokratie von der Militärmacht der Sowjetunion unterdrückt. Nachteilig für eine Umsetzung wirkte sich auch aus, dass diese Alternativkonzeption der direkten Demokratie in Verbindung mit Traditionen des Marxismus und Anarchismus gebracht werden konnte und der Begriff der „Demokratie" in diesem Zusammenhang kritisiert beziehungsweise als unpassend erachtet wurde.

Auch wenn die (bescheidenen) direktdemokratischen Ausformungen der Rätedemokratie nicht selten mit Demagogie und autoritärem Handeln in Verbindung gebracht wurden, ist unbestritten, dass die meisten modernen Verfassungsstaaten Elemente der direkten Demokratie enthalten und den Bürgern partizipative Teilhaberechte gewähren – in erster Linie auf kommunaler Ebene. Daher werden in den folgenden Kapiteln respektive Unterkapiteln die in der Praxis anwendbaren Instrumente kommunaler direkter Demokratie in Deutschland näher untersucht.

4 Direkte Demokratie in Deutschland

4.1 Kommunale Ebene – Schrittmacherin

Die Gemeinde ist die unterste selbstständige Gebietseinheit im Rahmen des Staatsaufbaus in Deutschland, mit abgegrenztem Gebiet (Gemeindegebiet), eindeutigen personellen Zugehörigkeiten (Gemeindebürger, mit bestimmten politischen Teilhaberechten ausgestattet), eigenen Organen (Gemeindevertretung – Gemeinderat, Gemeindevorstand – Bürgermeister) und eigenen Kompetenzen (Selbstverwaltungsaufgaben). Grundlage für das politische Leben in einer Gemeinde ist das föderale System der Bundesrepublik Deutschland. Die Regelung kommunaler Strukturen, Aufgaben und Befugnisse ist grundsätzlich Sache der Bundesländer. Sie sind dabei an Artikel 28 des Grundgesetzes gebunden, dem zufolge in den Kreisen und Gemeinden eine aus allgemeinen, unmittelbaren, freien und geheimen Wahlen hervorgegangene Volksvertretung bestehen muss und die Gemeinden ihre Angelegenheiten im Rahmen der Gesetze in eigener Verantwortung regeln sollen. Somit kann die Stellung der Gemeinden an Traditionslinien kommunaler Selbstverwaltung, an ihrer Einbettung in das föderalistische System, an der räumlichen und funktionalen Organisation (siehe Gebiets- und Funktionalreformen), an den Besonderheiten der jeweiligen Gemeindeordnung und am kommunalen Entscheidungsprozess festgemacht werden.

Die Kommunalverfassung des jeweiligen Bundeslandes wird in einem Gesetz als Gemeindeordnung beschlossen. Die Gemeindeordnung enthält alle wichtigen Bestimmungen über Zuständigkeiten, Verfahrensregelungen, Rechte und Aufgaben der Gemeinden, ihre Beschlussorgane, ihre Finanz- und Wirtschaftsführung, die Kommunalaufsicht und die Rechte und Pflichten ihrer Wohnbevölkerung. Die Gemeinden übernehmen bestimmte Aufgaben, gekennzeichnet als Selbstverwaltungsaufgaben (Pflichtaufgaben[10] und freiwillige Aufgaben[11]) sowie Auftragsangelegenheiten. Doch werden auf der kommunalen Ebene immer wieder Unsicherheiten über die Kompetenzen und Aufgaben der Gemeinden geäußert, da sie in ihrer finanziellen Ausstattung und der Gesetzgebung von der Bundes- und Landesebene abhängig sind und letztere in den verschiedenen Bundesländern zusätzlich variiert. In dieser 'beweglich scheinenden Situation' müssen bestimmte verfassungsrechtliche Grundlagen und politische Bedingungsfaktoren der Gemeindeebene berücksichtigt werden, da sie das Maß der staatlichen Abhängigkeiten von Bund und Land, aber auch politische Handlungs- bzw. Gestaltungsräume erkennen lassen. Gleichzeitig liegt darin eine Paradoxie der gegenwärtigen Situation. Für Städte und Gemeinden wird es immer schwieriger, politische Gestaltungsräume zu eröffnen, weil die durch ungünstige ökonomische und politische Trends (dramatisch) zugenommenen finanziellen Belastungen eine Vielzahl von Kommunen in Deutschland immer stärker auf die Erfüllung ihrer von höherer Ebene zugewiesenen Pflichtaufgaben beschränkt haben.

Dennoch ist bei den Gemeinden auch der informelle und besondere Aspekt der Bürgernähe/Bürgerbeteiligung ('Schule der Demokratie') zu berücksichtigen, weil hier der kommunalen Ebene eine besondere Bedeutung zugewiesen wird. Sie erscheint wie ein ursprüngliches Feld für eine politische Betätigung des Bürgers. Die örtlichen Verhältnisse gelten als überschaubar, die Problemlagen als durchschaubar, die Entscheidungsprozesse als unmittelbar beeinflussbar und Maßnahmen in der Kommunalpolitik als persönlich erfahrbar. In der Bezeichnung 'Schule der Demokratie' steckt auch ein elitentheoretisches Element, da sie dem interessierten Bürger bzw. ehrenamtlichen Kommunalpolitiker die Möglichkeit bieten soll, sich für eine höhere politische Ebene (Land, Bund) zu

---

10 z.B. Schulverwaltung, Volkshochschule, Bauleitplanung, Abfallbeseitigung, Wohngeld, Kindergarten
11 z.B. Wirtschaftsförderung, Einrichtung und Unterhalt von Spielplätzen, Museen, Theater, Städtepartnerschaften, Förderung von Vereinen

qualifizieren. Zweifellos kommt ein demokratietheoretischer Grundgedanke hinzu, da die kommunale Ebene eine praktische Chance zu mehr Bürgerbeteiligung bedeuten kann. So wird den Gemeinden eine unverzichtbare Rolle als Ansprechpartner für den Bürger zugewiesen und die Notwendigkeit einer konkreten Bürgerpartizipation artikuliert, in der die Gemeinde den Bürgern Beteiligungsmöglichkeiten anbietet, welche die Bürger nachfragen können. Auf diese Weise soll das Interesse an kommunalen Entscheidungsprozessen gefördert werden. In diesem Kontext steht das viel zitierte Schlagwort der Bürgernähe. Ferner werden Effizienzargumente als Entlastung der höheren Ebene vom Problem- und Entscheidungsdruck und als Chance sachgerechter Lösungen geltend gemacht (Orts- und Gegenstandsnähe gegenüber ,grünem Tisch'). Die Gemeindeordnungen sind der von den Länderparlamenten verabschiedete gesetzliche Leitfaden für das politische Handeln in den Kommunen und genießen einen hohen Stellenwert. Wissenschaftliche Untersuchungen analysieren unter anderem formale Strukturen, verschiedene Kommunalverfassungssysteme, Kompetenzverteilungen, Politikfolgen, Bürgerorientierung etc. Neben der Gemeindeordnung können weitere Faktoren, wie z.B. die staatliche Verfassungsordnung (für die Bundesrepublik das Grundgesetz), die Wirtschafts- und Sozialordnung, die Finanzverfassung, die nationale politische Kultur oder die sozioökonomische Gemeindestruktur bestimmt werden, die einerseits die Inhalte von Kommunalpolitik (policy) und andererseits den kommunalpolitischen Willensbildungsprozess (politics) prägen.

Neben der Kommunalverfassung stellt wohl die jeweilige Gemeindegröße die wichtigste Variable für die Kommunalpolitik dar: für die Inhalte, für den Verlauf und für den Stil von Kommunalpolitik. In welchem Maße der Parteienstaat auch die Kommunalpolitik erobert hat, ist nicht zuletzt von der Größe der Gemeinde abhängig. Unterschiede in der Kommunalverfassung nach Größentypen gibt es in Deutschland nicht – die jeweilige Gemeindeordnung gilt für alle Gemeinden in jedem Land gleich.

Im Einzelnen stellen sich die Größenverhältnisse folgendermaßen dar: In Deutschland gibt es insgesamt lediglich 38 Städte mit mehr als 200.000 Einwohnern, die man – nach den kommunalen Gebietsreformen – noch mit Fug und Recht als „echte" Großstädte ansprechen kann. Davon liegen allein 15 in Nordrhein-Westfalen. In diesen 38 Städten leben gerade einmal 23,8% der Menschen in der Bundesrepublik, gegenüber 41,6%, die in Gemeinden bis 20.000 Einwohnern zu Hause sind.

Für eine politische Beteiligung an der Kommunalpolitik gilt es im Grundsatz zu beachten, dass der Bürger (implizit natürlich auch immer die Bürgerin) in einer Gemeindeordnung an erster Stelle steht, noch vor dem Gemeinderat, dem Bürgermeister und der Verwaltung. Es wird allgemein anerkannt, dass Kommunalpolitik von ihm auszugehen hat und auf ihn und seine Alltagsbedürfnisse bezogen ist. „Kommunalpolitik ist die Politik des Volkes in der Gemeinde, für das Volk und *durch das* Volk – das letzte aber nur in begrenztem Maße, zudem noch von Bundesland zu Bundesland unterschiedlich ausgedehnt" (Wehling 1994a: 54). Wie kann sich nun der Bürger konkret an der Kommunalpolitik beteiligen?

4.2 Beteiligungsformen in den Kommunen

Zwingend vorgeschrieben sind die gesetzlich vorgesehenen Wahlen zur Vertretung der Gemeindebürger (*Kommunalwahlen*) als klassische Beteiligungsform der repräsentativen Demokratie. Die Gemeindeordnungen in Deutschland stellen den Bürgern weitere Einwirkungsmöglichkeiten zur Verfügung, bei denen es sich allerdings nicht um verbindliche Personal- oder Sachentscheidungen handelt, sondern lediglich um unverbindliche Anregungen, Initiativen oder sonstige Mitwirkungen der Bürger an der Vorbereitung von Entscheidungen, die andere Gemeindeorgane in eigener Verantwortung treffen (z.B. Einwohnerversammlungen, Anregungen, Beschwerden, Einwohneranträge). Sie wurden sogar schon als „unechte Formen" unmittelbarer Demokratie bezeichnet (vgl. von Arnim 1990). Auch wenn unbestreitbar ist, dass diese Partizipationsformen durchaus Einflussmöglichkeiten für die Bürgerinnen und Bürger bieten, ist ein genauer Überblick hinsichtlich der Anwendungen – gerade durch die empirisch kaum zu erfassende Zahl in Deutschland – nicht zu gewinnen. Es lassen sich dennoch institutionelle Grundaussagen über diese Partizipationsformen treffen.

Als eine Vorstufe der Bürgerbeteiligung gilt die Gewinnung von Informationen auf kommunaler Ebene. Für jedermann zugänglich ist die *Unterrichtung der Einwohner* über wichtige kommunalpolitische Angelegenheiten durch den Rat. Sie kann beispielsweise in Bürgerversammlungen sowie dem Abhalten von Fragestunden in Ratssitzungen erfolgen. Selbst wenn aber Gelegenheit zur Äußerung und Erörterung für die Bürger mit dem Rat besteht, haben diese Partizipationsformen ausschließlich Informationscharakter und schließen ein Mitspracherecht aus. Eine weitere Partizipationsform ist das Recht der Bürger, sich mit *Anregungen* und/oder *Beschwerden* an den Rat oder eine Bezirksvertretung zu wenden. Wichtig ist hier, dass Gemeinderäte oder Ausschüsse zu dem eingebrachten Antrag Stellung nehmen müssen, aber nicht gezwungen werden können, eine Entscheidung herbeizuführen. Auch in diesem Fall bleibt die Handlungskompetenz der Beschlussorgane unberührt, und es kann lediglich informeller Handlungsdruck ausgeübt werden. Dem *Einwohner- oder Bürgerantragantrag*, auch schon als ‚kleines Bürgerbegehren' tituliert, wurden bereits recht große Erwartungen entgegen gebracht. Sein Antragsrecht liegt im Grenzbereich zwischen der Massenpetition und der plebiszitären Beteiligung der Bürgerinnen und Bürger an der Willensbildung. Durch den Einwohnerantrag wird ein Gemeinderat verpflichtet, sich innerhalb einer bestimmten Frist mit einer schriftlich eingereichten Angelegenheit zu befassen und auch darüber zu entscheiden. Die Aufforderung für den Rat zur Entscheidung gilt nicht in allen Gemeindeordnungen der Bundesrepublik, in denen ein Einwohnerantrag verankert ist. Auch hier darf nicht übersehen werden, dass vom Einwohnerantrag keine Beschlusswirkung ausgeht. Die Entscheidungskompetenz liegt weiterhin in den Händen der Kommunalvertretung. Natürlich gibt es neben diesen Partizipationsinstrumenten auch eine Vielzahl gesetzlich nicht verfasster (durchaus attraktiver) kommunaler Beteiligungsmodelle, wie z.B. die Mediation, die Planungszelle oder der Runde Tisch, die ‚entwicklungsfähige' Kommunen und eine Erneuerung der Politik ‚von unten' hervorbringen möchten, dabei die Aspekte der Dezentralisierung und Politikverflechtung im politischen Mehrebenensystem berücksichtigen und sich als Alternative zu den institutionalisierten

Partizipationsformen verstehen.[12] Insbesondere mit dem Bürgerhaushalt wurde eine ·interessante (freiwillige) Beteiligungsform neu etabliert. Bürgerinnen und Bürger erhalten auf kommunaler Ebene die Möglichkeit der Beteiligung, über Teile des Investitionshaushalts mit zu entscheiden. Die Innovationsfähigkeit solcher Beteiligungsmodelle ist, inklusive zu beachtender Finanzaufwendungen, relativ unbestritten, und sie mögen einen Beitrag zur Reduzierung der vermeintlichen Politikverdrossenheit leisten, doch können sie aufgrund ihres existierenden informellen Charakters keine verbindlichen politischen Entscheidungen erzwingen.

Darüber hinaus kann es Elemente direkter Demokratie als Entscheidungen über Personen als Amtsträger (*Urwahl der hauptamtlichen Bürgermeister und Landräte*) sowie als Votum über Sachfragen (*Bürgerbegehren und Bürgerentscheid*) geben. Wenn unmittelbare bürgerschaftliche Entscheidungsrechte strikt begrenzt werden, bei denen politische und administrative Fragen eine Rolle spielen, kann auf kommunaler Ebene im Übrigen nur der Bürgerentscheid als einziges Element direkter Demokratie in der deutschen Selbstverwaltungsorganisation in Frage kommen. Nur durch ihn wird den Bürgern bei wichtigen kommunalen Angelegenheiten (z.B. über die Nutzung öffentlicher Einrichtungen oder die Erstellung von Verkehrskonzepten) ein unmittelbares Mitspracherecht eingeräumt. Aufgrund dieser unmittelbaren und exklusiv möglichen Entscheidungswirksamkeit wird auch bei der weiteren Betrachtung direkter Demokratie im Folgenden eine Konzentration auf Bürgerbegehren und Bürgerentscheid vorgenommen.

4.2.1 Bürgerbegehren und Bürgerentscheid

Die Gemeindeordnungen in den Ländern legen das Verfahren bei Bürgerbegehren und Bürgerentscheiden ziemlich detailliert fest. Als Beispiel für eine offizielle Definition dieser Partizipationsinstrumente kann man auf die Formulierung in der nordrhein-

---

12 Ein ausführliches Tableau über solche Beteiligungsformen findet sich beispielsweise in der von Astrid Ley und Ludwig Weitz herausgegebenen Publikation „Praxis Bürgerbeteiligung. Ein Methodenhanfbuch" (Bonn 2003).

westfälischen Gemeindeordnung verweisen: „Die Bürger können beantragen (Bürgerbegehren), dass sie an Stelle des Rates über eine Angelegenheit der Gemeinde selbst entscheiden (Bürgerentscheid)." (§ 26 Abs. 1 GO) Ein Bürgerbegehren ist also der Antrag der Bürger an die Gemeindevertretung, einen Bürgerentscheid durchzuführen, und ein Bürgerentscheid ist die Abstimmung der Bürger über eine kommunalpolitische Sachfrage.

In der Vergangenheit, bezogen auf die konkrete Situation in Baden-Württemberg – dem direktdemokratischen Ursprungsland –, konnte bereits anschaulich dargestellt werden, dass die Brauchbarkeit von Bürgerbegehren und Bürgerentscheid nicht unerheblich von der institutionellen Ausgestaltung abhängt. Folgende Merkmale gelten mittlerweile als relevant: die zulässigen Gegenstände des Begehrens, der Kreis der Antragsberechtigten, der mit dem Begehren verbundene Aufwand und die Bedeutung des Begehrens für die Entscheidungspraxis der Kommunalvertretung.

In einem bundesweiten Vergleich darf Baden-Württemberg sicher als das „Mutterland direkter Demokratie" bezeichnet werden. Die in der Frühzeit der Bundesrepublik Deutschland angeführten Argumente hinsichtlich fehlender demokratischer Reife des Volkes, resultierend aus den vermeintlich negativen Erfahrungen während der Zeit der Weimarer Republik und des „Dritten Reiches", führten (wie bereits beschrieben) in den deutschen Ländern zu einer Abwehrhaltung gegenüber Beteiligungsformen direkter Demokratie. Trotz solcher skeptischen Einwände führte Baden-Württemberg, sicher auch geprägt durch demokratisch-kulturelle Wurzeln der 1848er Revolution, diese Partizipationsinstrumente 1955 in die Gemeindeordnung ein. Mittlerweile sind jedoch die „Kinder" – die anderen Länder, nicht zuletzt die ostdeutschen und Bayern – inzwischen der Mutter ein wenig über den Kopf gewachsen (vgl. Wehling 2005). Das liegt daran, dass Baden-Württemberg von kritisch konstruktiver und eher Partizipation bejahender Sicht kein „Vorbildcharakter" eingeräumt wird, da der Entscheidungsrahmen in der baden-württembergischen Gemeindeordnung zu eng ist und die dortigen Hürden zu hoch sind. So werden, einerseits durch niedrigere Quoren[13] und andererseits durch unterschiedliche lokal-politische Voraussetzungen vor Ort, Resultate aus Baden-Württemberg in anderen Ländern übertroffen.

Seit den 1990er Jahren gibt es zunehmende Bemühungen um eine stärkere partizipatorische Einbindung der Bürgerinnen und Bürger jenseits von Kommunalwahlen: Verfassungs- und auch kommunalpolitisch bietet die direkte Demokratie in Deutschland seit den frühen 1990er Jahren ein spannendes Szenario. Vor 1990 gab es mit Baden-Württemberg – wie bereits erwähnt – erst ein Bundesland mit Bürgerbegehren und Bürgerentscheid auf kommunaler Ebene. Seither haben 15 Länder diese Partizipationsinstrumente eingeführt.[14] So kam es auf lokaler Ebene bis 2010 schon zu ca. 4.400 Bürgerbegehren und 2.400 Bürgerentscheiden in Deutschland (wobei Konkurrenzvorlagen / Gegenvorschläge nicht mitgezählt sind). Spitzenreiter ist dabei Bayern mit über 1.700 kommunalen Begehren und knapp 1.000 Abstimmungen. Dort existiert die weitest gehende Referendums-Variante, die am 1. Oktober 1995 – interessanterweise sogar per Volksentscheid – in die Bayerische Gemeindeordnung eingefügt wurde.[15] Allerdings weisen in Bayern und in anderen Bundesländern Bürgerbegehren und Bürgerentscheid keinen unbeschränkten Geltungsbereich auf. Dies liegt an substanziellen Einschränkungen der strukturellen sowie materiellen Voraussetzungen dieser Partizipationsinstrumente. Doch können durchaus differenzierte Ausprägungen von Bürgerbegehren und Bürgerentscheid in den einzelnen Bundesländern identifiziert werden.

---

13 Quoren sind in diesem Sinne die zur Wahl eines Sachverhaltes erforderliche Zahl von Wahlberechtigten.

14 1990 Schleswig-Holstein, 1990 Sachsen-Anhalt, 1993 Mecklenburg-Vorpommern, 1993 Brandenburg, 1993 Sachsen, 1993 Thüringen, 1993 Hessen, 1994 Rheinland-Pfalz, 1994 Nordrhein-Westfalen, 1994 Bremen, 1995 Bayern, 1996 Niedersachsen, 1997 Saarland, 1998 Hamburg (Bezirke), 2005 Berlin (Bezirke).

15 1995 setzten die bayerischen Bürgerinnen und Bürger, initiiert und tatkräftig unterstützt durch die Bürgerinitiative „Mehr Demokratie e.V.", per Volksgesetzgebung über die Landesverfassung mit 57,8% Zustimmung gegen den alternativen CSU-Landtagsentwurf selbst den kommunalen Bürgerentscheid durch.

Tabelle 1: Verfahren für Bürgerbegehren und Bürgerentscheid in den 16 Bundesländern[1]

Bundesland	Themen Anwendungs- bereich 000 weit 00 eng 0 punktuell	Bürgerbegehren Unterschriften- hürde (in Prozent)	Bürgerentscheid Zustimmungs- quorum (in Prozent)
Baden-Württemberg	00	5 – 10	25
Bayern	000	3 – 10	10 – 20
Berlin (Bezirke)[2]	000	3	15
Brandenburg	0	10	25
Bremen (Stadt)	000	5	20
Stadt Bremerhaven	0	10	30
Hamburg (Bezirke)[2]	000	2 – 3	Nein
Hessen	000	10	25
Mecklenburg-Vorpommern	0	2,5 – 10	25
Niedersachsen	0	10	25
Nordrhein-Westfalen	00	3 – 10	10 – 20[3]
Rheinland-Pfalz	0	6 – 10	20
Saarland	0	5 – 15	30
Sachsen	000	5 – 15	25
Sachsen-Anhalt	0	6 – 15	25
Schleswig-Holstein	00	10	20
Thüringen	00	7, maximal 7.000 (= in Erfurt 4,5%)	10 – 20

Quelle: Eigene Erhebung

[1] Mehr Demokratie e.V.: Volksentscheids-Rankingbericht 2010 – Bürgerbegehren in den Bundesländern, Stand: September 2010 (Dezember 2011)

[2] Da die Stadtbezirke deutlich weniger Kompetenzen haben als Gemeinden, sind die Anwendungsbereiche nur bedingt vergleichbar.

[3] Der nordrhein-westfälische Landtag verabschiedete im Dezember 2011 ein Gesetz, welches ein nach drei Größenordnungen gestaffeltes Zustimmungsquorum in Städten und Gemeinden vorsieht.

Bürgerbegehren und Bürgerentscheide unterscheiden sich zwar in ihren Ausprägungen in den Gemeindeordnungen der deutschen Länder erheblich im Detail (durchaus mit entsprechenden Auswirkungen), aber es existieren länderübergreifende identische Bestandteile. Die wichtigsten Bestandteile, die in den meisten Ländern gelten, seien daher an dieser Stelle genannt: Das Bürgerbegehren als Antrag muss *schriftlich* eingereicht werden. Weiterhin wird vorausgesetzt, dass das Bürgerbegehren eine *Begründung* für die zur Entscheidung zu bringende Frage enthält. Es muss einen nach den gesetzlichen Vorschriften durchführbaren Vorschlag für die *Deckung der Kosten* der verlangten Maßnahme beinhalten. In Bayern, Hamburg, Berlin und mittlerweile auch in Nordrhein-Westfalen entfällt bemerkenswerter Weise ein Kostendeckungsvorschlag. Die Anforderungen an einen Kostendeckungsvorschlag lassen sich nicht nach einheitlichen Kriterien einordnen, so dass durch den Gesetzgeber nur darüber Konsens erzielt wurde, das Kostenbewusstsein der Bürger zu stärken, damit jedoch keine weiteren Erschwernisse für die Durchführung des Bürgerbegehrens zu begründen. Zumindest aber müssen die Finanzierungsvorstellungen im Rahmen des geltenden Haushaltsrechts angewendet werden und somit nach den gesetzlichen Vorschriften durchführbar sein. Das Bürgerbegehren verlangt außerdem eine *Mindestzahl von Unterschriften* der stimmberechtigten Bürgerinnen und Bürger. Auf allen Unterschriften müssen die Abstimmungsfrage, die Begründung und (soweit erforderlich) der Kostendeckungsvorschlag aufgeführt sein. Eine weitere Zulässigkeitsvoraussetzung ist die Forderung, bei der bis zu drei beziehungsweise genau drei Personen benannt werden müssen, die berechtigt sind, die *Unterzeichnenden* zu vertreten. In Brandenburg und Thüringen sind Vertretungsberechtigte nicht notwendig. Richtet sich ein Bürgerbegehren gegen einen Beschluss des Rates (sog. kassierendes Bürgerbegehren), muss es innerhalb einer bestimmten Frist (z.B. in NRW sechs Wochen) nach Bekanntmachung des Beschlusses eingereicht werden bzw. wenn der Beschluss keiner Bekanntmachung bedarf (z.B. innerhalb von drei Monaten). Die gewählte *Frist* dient dazu, die Ausführung von Gemeinderatsbeschlüssen in wichtigen Gemeindeangelegenheiten nicht unnötig zu verzögern oder rückgängig zu machen. Sobald das Bürgerbegehren bei der Gemeinde eingereicht ist, stellt der Rat fest, ob dieses *zulässig* ist. Dabei muss der Rat als das politische Leitungsorgan in der Gemeinde die rechtlichen Anforderungen überprüfen, die an zulässige Bürgerbegehren gestellt sind. Kernpunkt der inhaltlichen Zulässigkeitsregelungen ist die Frage, welche *Angelegenheiten* von Bürgerbegehren und Bürgerentscheid ausgeschlossen oder aber vorgesehen sind. In sog. Negativkatalogen (Ausnahmen Sachsen-Anhalt und Bremerhaven mit Positivkatalogen) werden die Angelegenheiten einzeln aufgelistet, über die ein Bürgerbegehren unzulässig beziehungsweise zulässig ist. Dabei ist zunächst zu prüfen, ob das eingebrachte Thema in den gemeindlichen Wirkungskreis fällt und damit eine Angelegenheit der Gemeinde ist. Im Wesentlichen bleiben bei einem Bürgerbegehren die staatlich vorgegebenen und rechtlich feststehenden Angelegenheiten (Rechtsverhältnisse) sowie die innere Organisation der Gemeindeverwaltung ausgeschlossen. Der Rat kann entweder die Sache im Sinne eines zulässigen Bürgerbegehrens entscheiden oder dieses ablehnen und die Bürgerinnen und Bürger über das Bürgerbegehren abstimmen lassen. Diese Abstimmung ist der *Bürgerentscheid*. Beim Bürgerentscheid wird über die zur Abstimmung gestellte Frage nur mit *Ja* oder *Nein* entschieden. Sonderfälle sind Brandenburg, Niedersachsen, Sachsen-Anhalt und Thüringen, wo festgelegt ist, dass nur ein mit „Ja" beantworteter Bürgerentscheid Gültigkeit hat. Ein Bürgerentscheid ist positiv entschieden, wenn er von der Mehrheit der gültigen Stimmen befürwortet wurde, sofern diese Mehrheit mindestens zwischen 10% bis 30% der Bürger beträgt (Ausnahme Hamburg). Bei Stimmengleichheit gilt die Frage als mit Nein beantwortet. Der Bürgerentscheid hat die *Wirkung eines Ratsbeschlusses*. Die Bürger und Bürgerinnen werden damit zum kommunalen Entscheidungsorgan.

Scheitert letztlich ein Bürgerentscheid, ist in einigen Bundesländern der Sachverhalt auch komplett abgeschlossen. Allerdings sind in Baden-Württemberg, Brandenburg, Hessen, Mecklenburg-Vorpommern, Rheinland-Pfalz, Sachsen, Sachsen-Anhalt und Schleswig-Holstein die Gemeindevertretungen verpflichtet, erneut eine Entscheidung in der Sache herbeizuführen. Ein gescheiterter Bürgerentscheid führt in allen Bundesländern zur so genannten „Initiativsperre". Den Bürgern bleibt dabei innerhalb von zwei Jahren (Mecklenburg-Vorpommern, Niedersachsen, Nordrhein-West-falen, Saarland, Schleswig-Holstein, Thüringen) bzw. drei Jahren (Baden-Württemberg, Hessen, Rheinland-Pfalz, Sachsen, Sachsen-Anhalt) ein neues Bürgerbegehren in derselben Sache verwehrt.

Der erfolgreiche Bürgerentscheid – mit der Wirkung eines Ratsbeschlusses – löst wiederum eine „Abänderungssperre" aus. Hier kann der Bürgerentscheid innerhalb einer bestimmten Zeitspanne entweder überhaupt nicht oder nur auf Initiative des Rates durch einen neuen Bürgerentscheid abgeändert werden. Interessant ist in diesem Zusammenhang, dass ein erfolgreicher Bürgerentscheid damit einen höheren Bestandsschutz hat als ein Ratsbeschluss, der von der Gemeindevertretung jederzeit geändert werden kann. Die Abänderungssperre liegt zwischen einem Jahr (Bayern, Sachsen-Anhalt), zwei Jahren (Brandenburg, Mecklenburg-Vorpommern, Niedersachsen, Nordrhein-Westfalen, Saarland, Schleswig-Holstein, Thüringen) und drei Jahren (Baden-Württemberg, Hessen, Rheinland-Pfalz, Sachsen). Vor Ablauf dieser Frist darf der Rat den Bürgerentscheid nicht durch einen einfachen Ratsbeschluss wieder aufheben. Er kann allerdings (außer in Hessen, Rheinland-Pfalz und Thüringen) innerhalb dieser Frist einen erneuten Bürgerentscheid (sog. Ratsbegehren) anberaumen. Die in der Abstimmung unterlegenen Bürger beziehungsweise Initiatoren dürfen jedoch in dieser Zeit kein neues Bürgerbegehren einleiten (Ausnahme Sachsen, Sachsen-Anhalt, Schleswig-Holstein, und zwar wenn der Bürgerentscheid aufgrund eines Ratsbegehrens durchgeführt worden ist, darf auch innerhalb der Frist ein Bürgerbegehren initiiert werden). Bayern bildet auch hier wieder eine Ausnahme, denn die jeweils unterlegene Seite darf sofort nach einem verlorenen Bürgerentscheid ein neues Bürgerbegehren starten. Grundsätzlich aber gilt dann in jedem Bundesland: Nach Ablauf der Sperrfrist darf der Gemeinderat den Bürgerentscheid ohne einen neuen Bürgerentscheid durch einfachen Ratsbeschluss wieder aufheben.[16]

---

16 Praktische Informationen zu Anwendungsfragen finden sich in dem Themenheft von Andreas Paust, Arbeitshilfe Bürgerbegehren und Bürgerentscheid. Ein Praxisleitfaden, Bonn 2005.

Bewertung: Bürgerbegehren und Bürgerentscheide bleiben vor allem wegen der Angelegenheiten, über die ein Bürgerbegehren unzulässig ist, des Zwangs eines Vorschlags zur Kostendeckung sowie der zur Wahl eines Sachverhaltes erforderlichen Zahl von Wählerinnen und Wählern de facto die Ausnahme. Hinzu kommt, dass auch die direktdemokratischen Partizipationsinstrumente grundsätzlich aus dem parlamentarischen System der Demokratie hervorgegangen sind und sich in ihrer institutionellen Logik daran ausrichten. Bürgerbegehren und Bürgerentscheide sind keine eigenständigen und „frei schwebenden" Beteiligungsformen, sondern innerhalb der repräsentativen Demokratie institutionell gefasste Politikinstrumente.

Ein komplementäres Verhältnis von direktdemokratischen Komponenten und repräsentativer Demokratie muss jedoch auch berücksichtigen, ob Bürgerbegehren und Bürgerentscheid eine Effizienzsteigerung herbeiführen beziehungsweise existierende Probleme politisch besser lösen können. Empirisch gesicherte Aussagen sind hier nur bedingt zu treffen. Dennoch bleibt das direktdemokratische Partizipationsinstrumentarium auf der kommunalen Ebene nicht nur auf die Input-Seite beschränkt, weil dort die Beteiligungsangebote zwar geschaffen und insofern die Angebote an institutionellen Optionen erweitert wurden, vielmehr haben die nach dem Repräsentationsprinzip gewählten Gemeinderäte mit Bürgerbegehren und Bürgerentscheid Konkurrenz bekommen. Obwohl damit kein grundsätzlicher Systemwechsel eingeleitet wird, sind die Räte praktisch gezwungen, eine bürgerorientierte Politik zu machen, welche die öffentliche Meinung nicht einfach ignoriert. Sie laufen sonst Gefahr, Bürgerbegehren und Bürgerentscheide heraufzubeschwören, die ihre eigene Politik konterkarieren könnten. Die Folge aus dieser Bürgerorientierung kann ein qualitativ verbesserter Zustand sein, in dem Elemente direkter Demokratie die Funktionsfähigkeit der repräsentativen Demokratie erhöhen (vgl. Wehling 1998). Der Effizienzaspekt findet also Berücksichtigung.

Insofern die Wirkungen der institutionalisierten Bürgerbeteiligung tatsächlich eine verbesserte Qualität erfahren sollen, müssen sie auf genügend Akzeptanz bei den Gemeinderäten und der Bevölkerung stoßen und in ihrer Anwendung praktikabel sein. Doch die materiellen und strukturellen Handlungsoptionen der unmittelbaren Bürgerpartizipation sind relativ strikt begrenzt. Daher stellt sich die Frage, ob Defizite im politischen System vorliegen und der politische Entscheidungsprozess durch reformierte Rahmenbedingungen erweitert werden muss.

Prinzipiell belebt aber die Anwendung von Bürgerbegehren und Bürgerentscheid die kommunale Szene. Die Möglichkeiten, sich zu kommunalpolitischen Einzelthemen artikulieren zu können und darüber hinaus direkte Entscheidungen zu treffen, stellen durchaus eine wirksame Form unmittelbarer Demokratie auf lokaler Ebene dar. So haben beide Institutionen zu einer Stärkung der kommunalen Selbstverwaltung im bürgerschaftlichen Sinne geführt, ohne jedoch wirklich ein starkes Gegengewicht zu den Räten bilden zu können und eine systematische Machtkontrolle durch die Bürgerinnen und Bürger auszuüben. Auf der „Haben-Seite" stehen aber Grundvoraussetzungen einer beteiligungsfreundlichen Kommunalverfassung: Schaffung von Transparenz, Förderung von Minderheiten sowie Erleichterung von Initiativen. Das Repräsentationsprinzip sowie die Sicherung der kommunalen Selbstverwaltung und der lokalen Autonomie blieben dabei seit Einführung von Bürgerbegehren und Bürgerentscheiden im Grundsatz unangetastet. Dennoch ist in den deutschen Ländern zu beobachten, dass diese Partizipationsinstrumente überwiegend auf den Widerstand der Gemeinderäte und der Kommunalverwaltungen stoßen, obwohl weder die Verantwortung der gewählten Ratsvertreter plebiszitär ausgehebelt wurde, noch diffuse Sachthemen bei Bürgerentscheiden zur Abstimmung gelangen. Die institutionalisierte Bürgerbeteiligung entpuppte sich tatsächlich als relativ sparsam und gezielt genutzter Seismograph für Stimmungslagen zu bestimmten Sachfragen mit insgesamt geringen Auswirkungen auf die kommunale Machtbalance. Die überschaubare Anwendung z.B. von knapp 2.400 Abstimmungen bis 2010 (bei über 12.000 Kommunen in Deutschland) bestätigt eigentlich den Ausnahmecharakter der Gemeindeparagraphen über Bürgerbegehren und Bürgerentscheide, wobei die institutionell-strukturellen Zulässigkeitsvoraussetzungen sowie die sächliche Beschränkung nur auf bestimmte Themengebiete dieser letztlich relativ geringen Anzahl Vorschub geleistet haben. Immerhin waren aber schon über 1.000 Bürgerentscheide im Sinne der Initiatoren erfolgreich.

Neueren Aufschluss bietet die empirisch fundierte Feststellung aus Nordrhein-Westfalen (vgl. Kost 1999 und 2002), dass ein hoher Erfolgsgrad von Referenden nicht grundsätzlich mit einem höheren Organisationsgrad der Interessen (durch Verbände, Initiativen etc.) verbunden sein muss. Ältere baden-württembergische Vergleichsdaten verweisen dagegen auf einen positiven Zusammenhang dieser beiden Variablen. Auch wenn es politikwissenschaftliches Allgemeingut ist, dass zur Durchsetzung sozialer, wirtschaftlicher bzw. politischer Interessen zwei Grundvoraussetzungen gehören, die Organisations- und Konfliktfähigkeit, belegen die kommunalen Verhältnisse in Nordrhein-Westfalen, dass auch alternative, weniger manifeste Formen der Interessenartikulation erfolgreich sein können. Die Analyse der Wirkung von institutionellen Settings (polity) bei der Vermittlung politischer Interessen (politics) spielt dabei eine zu beachtende Rolle.

Aus den bisherigen empirischen Erhebungen lassen sich auf der thematischen Seite der Bürgerbegehren und der Bürgerentscheide gewisse inhaltliche Schwerpunkte erkennen. In Deutschland dominieren Begehren über öffentliche Einrichtungen (insbesondere Schulen und Schwimmbäder) sowie Verkehrs- und Wirtschaftsprojekte. Auch Fragen zu Gebietsreformen sind von erkennbarer Relevanz.

Diskussionswürdig ist jedoch der Umstand, dass das grundsätzlich anerkannte Repräsentationsprinzip kaum ausgehöhlt würde, wenn mehr materielle Sachthemen als bisher in den meisten deutschen Ländern vorgesehen bei Bürgerentscheiden zur Abstimmung kämen. Ob nun über alle kommunalen Selbstverwaltungsangelegenheiten entschieden werden sollte oder bestimmte Verwaltungskernbereiche (z.B. Haushaltssatzung und innere Verwaltungsorganisation) wegen einer antizipierten funktionalen Handlungsautonomie und -fähigkeit ausgeblendet bleiben sollten, ist letztlich eine praktisch zu lösende Ermessensfrage. Warum sollte man den Bürgern nicht mehr Vertrauen schenken und sie bspw. über kommunale Abgaben oder abfallrechtliche, immissionsschutzrechtliche und wasserrechtliche Zulassungsverfahren abstimmen lassen? In einigen Bundesländern, wie z.B. in Bayern, Sachsen und in Hessen, sind diese Themenfelder durchaus Gegenstand von Bürgerentscheiden und bilden einen beachtlichen Anteil bei den zur Abstimmung stehenden Sachfragen. Damit könnte bei den Bürgern weiteres politisches Interesse und auch ein erhöhtes Verantwortungsbewusstsein geweckt werden. Die Bürger haben bei den Bürgerbegehren und den Bürgerentscheiden durchaus Kostenbewusstsein bewiesen, so dass ihnen der Zugang zu den genannten Themenbereichen nicht verwehrt bleiben sollte.

Die bisher aufgetretenen Unzulänglichkeiten der Strukturen haben nicht dazu geführt, den demokratischen Fortschritt von Bürgerbegehren und Bürgerentscheid in Abrede zu stellen. Obwohl diese Partizipationsinstrumente kaum zum kommunalpolitischen Alltagsgeschäft gehören, haben nicht nur Parteien, sondern gerade auch Bürgerinitiativen und einzelne bzw. sich zusammenschließende aktive Bürger diese Form der unmittelbaren Bürgerbeteiligung für sich entdeckt. Auch wenn die allermeisten Entscheidungen weiterhin in den Gemeinderäten fallen, ist die beschworene Gefahr einer elitären Gegenmobilisierung durch stärker institutionalisierte Akteure – wie Parteien, Verwaltungen – geringer ausgefallen als zunächst vermutet werden konnte. Allerdings fungierten die Parteien häufiger als „Trittbrettfahrer", indem sie ein Bürgerbegehren erst dann unterstützten, wenn der Entscheidungsprozess durch unterschiedliche Akteure bereits eingeleitet war.

Insgesamt wurden Bürgerbegehren und Bürgerentscheid, nicht zuletzt wegen der vorhandenen Zulässigkeitsvoraussetzungen, von den aktiven Bürgern und Interessengruppen dosiert angewendet. Die Relevanz von Bürgerbegehren und Bürgerentscheiden ist in den vergangenen Jahren aber deutlich gestiegen, und immerhin konnten ca. 40% aller Begehren im Sinne der Initiatoren zumindest als Teilerfolg verbucht werden (unabhängig von einer Wertung der Einzelergebnisse).[17] Hin und wieder erinnerte diese

---

17 Vgl. Mittendorf, Volker: Bürgerbegehren und Bürgerentscheide in Deutschland. Regelungen – Nutzungen – Analysen, in: Hermann K. Heußner/Otmar Jung (Hrsg.), Mehr direkte Demokratie wagen, München 2009, S. 327-342.

Form der unmittelbaren Bürgerbeteiligung die kommunalpolitisch Verantwortlichen daran, dass auch deren Handlungssouveränität inhaltlich und zeitlich begrenzt ist und der Bürgerstatus im Hinblick auf eine ausgeweitete Dimension von politischer Partizipation an Einfluss gegenüber (möglicher) Uneinsichtigkeit und Ignoranz gewonnen hat. Ein Mehr an direkter Demokratie kommt durch das geschaffene institutionalisierte Partizipationsinstrument jedoch bloß tendenziell zustande.

Tabelle 2: Anzahl erfasster Bürgerbegehren in den deutschen Ländern[1]

Bundesland	Anzahl	Anteil (in Prozent)
Baden-Württemberg	485	11,0
Bayern	1759	39,5
Berlin	30	0,7
Brandenburg	102	2,3
Bremen	6	0,1
Hamburg	86	1,9
Hessen	322	7,2
Mecklenburg-Vorpommern	77	1,7
Niedersachsen	212	4,8
Nordrhein-Westfalen	539	12,1
Rheinland-Pfalz	134	3,0
Saarland	14	0,3
Sachsen	196	4,4
Sachsen-Anhalt	127	2,9
Schleswig-Holstein	275	6,2
Thüringen	86	1,9

Quelle: Eigene Erhebung
[1]Mehr Demokratie e.V.: Volksentscheids-Rankingbericht 2010, Stand 2010

Exkurs: Der Bargaining-Effekt von Bürgerbegehren und Bürgerentscheiden

Es hat sich allerdings ebenfalls gezeigt, dass die Effizienz bzw. die Wirksamkeit von Bürgerbegehren sich nicht nur am formalen Ausgang der Bürgerbeteiligung messen lassen können. Auf den ersten Blick dominiert als Ergebnis der Misserfolg der unmittelbaren Bürgerbeteiligung mit einem Anteil von ca. 60%, die durch das Scheitern von durchgeführten Bürgerentscheiden und unzulässigen Bürgerbegehren zu erklären ist. Eine solche Sicht der Dinge wäre aber zu eindimensional, da nicht nur die Veränderung der ursprünglichen Beschlüsse durch die Räte aufgrund erfolgreicher Begehren, sondern auch erneute Beratungen der Gemeinderäte über die anstehenden Sachverhalte nach einem gescheiterten Bürgerbegehren bzw. einem Bürgerentscheid einen Erfolg oder einen Teilerfolg für die Initiatoren darstellten.

Einige Beispiele aus Nordrhein-Westfalen mögen dies veranschaulichen (vgl. Kost 2002). So hob bspw. der Rat der Stadt Bielefeld, trotz Unzulässigkeitserklärung des Bürgerbegehrens durch das nordrhein-westfälische Innenministerium wegen eines nicht ausreichenden Deckungsvorschlags, seinen Beschluss zur Schließung eines öffentlichen Hallenbades wieder auf. Nach weitergehendem Beschluss des Rates zum Erhalt bzw. zur Substitution im Rahmen eines „Bäderkonzepts" erklärten die Initiatoren des Bürgerbegehrens ihr Anliegen für erledigt. Auch in Engelskirchen hob der Rat das ursprünglich für unzulässig erklärte Bürgerbegehren gegen die Einführung von Parkscheinautomaten (öffentliche Abgaben) wieder auf. Schließlich kamen nach einem Bürgerbegehren auch Kompromisse zustande. So wurde das Bürgerbegehren in Kamen mit dem Thema „Aufhebung der Durchfahrtsperre am Alten Markt" einerseits als unzulässig eingestuft (Frist nach § 26 Abs. 3 GO wurde nicht eingehalten), andererseits fand man eine gemeinsame Lösung, welche die Antragsteller bewegte, das Begehren freiwillig zurückzuziehen. Ähnlich kompromissbereit verfuhr man bspw. bei zwei unzulässig erklärten Bürgerbegehren in Wuppertal („Denkmalschutz für die Wuppertaler Schwebebahn" und „Rückbau von Bushaltestellen"). In Schwelm wurde das unzulässig erklärte Bürgerbegehren („Gegen die Einführung einer Parkraumbewirtschaftung mit Parkgebühren") aufgrund der großen Beteiligung zumindest im Rahmen eines Gesprächs am „Runden Tisch" fortgesetzt, um mit den Beteiligten nach einer breiteren Basis für eine Akzeptanz in der Sache zu suchen. Hier wird erkennbar, dass die Handhabung bzw. Kombination mit informellen Beteiligungsverfahren wie „Runden Tischen", Mediationen oder auch Bürgergutachten zu einer breiteren Akzeptanz bei allen Beteiligten führen können. Insofern solche Verfahren eine breite Repräsentativität der Bevölkerung ermöglichen, ließe sich zudem sozialen Ausschlussmechanismen bei Bürgerabstimmungen besser entgegensteuern. Diese Beispiele sollen zeigen, dass über die unmittelbare Bürgermitwirkung hinaus in Einzelfällen Sachverhalte neu überdacht und verhandelt werden konnten, selbst wenn sie nicht den Zulässigkeitsvoraussetzungen entsprachen. Insgesamt gelangten somit ungefähr die Hälfte der erfassten Bürgerbegehren zu einem Erfolg oder zumindest zu einem Teilerfolg. Aufgrund dieser wechselseitigen Prozesse des Anbietens und Ablehnens, des Gebens und Nehmens in politischen Aushandlungen konnten Bürgerbegehren und Bürgerentscheid auch eine integrative Wirkung entfalten. Es trat ein sog. „Bargaining-Effekt" durch Bürgerbegehren und Bürgerentscheide auf. Damit hat diese Form der politischen Partizipation zusätzlich etwas auf der Output-Seite des politischen Systems bewirkt. Entscheidend ist bei der unmittelbaren Bürgerbeteiligung auch nicht, ob die Wirkungen von Bürgerbegehren in einem konkurrenzdemokratischen (siehe z.B. Nordrhein-Westfalen) oder einem konkordanzdemokratischen Parteiensystem (siehe z.B. Baden-Württemberg mit eher geringer Parteipolitisierung) ausgelöst werden. In Nordrhein-Westfalen dominieren bspw. Begehren über öffentliche Einrichtungen (insbesondere Schulen und Schwimmbäder), Verkehrsfragen und Bauvorhaben. Doch zielen diese, wie manches Mal kritisch angeführt wird, nicht überwiegend auf die Verhinderung von Investitionen. Investitionsfördernde wie investitionshemmende Bürgerbegehren halten sich in etwa die Waage. Die Wechselwirkungen von Bürgerbegehren und Bürgerentscheid stehen in einem komplexeren Zusammenhang, d.h. einerseits sind die institutionellen Zulässigkeitsvoraussetzungen der direktdemokratischen Instrumente von erheblicher Relevanz und andererseits sind auch die intendierten und nicht intendierten (umfassenden) Auswirkungen der implementierten Policy auf die gesellschaftlichen Akteure zu berücksichtigen.

4.2.2 Direktwahl Bürgermeister und Landräte

Mittlerweile wählen die Bürgerinnen und Bürger in allen Flächenländern der Bundesrepublik Deutschland ihre Bürgermeister (zumeist auch analog die Landräte) direkt. In den 1990er Jahren leiteten zahlreiche Landesregierungen kommunalpolitische Reformen ein, die ihre Impulse aus der deutschen Vereinigung bezogen. Bis in die Mitte des vergangenen Jahrzehnts hinein gab es nur in Baden-Württemberg und Bayern die Direkt- oder Urwahl des Bürgermeisters. Ansonsten wählten die Bürgerinnen und Bürger im Sinne einer strikten repräsentativen Demokratie ihre kommunalen Vertretungsorgane bzw. Räte, welche aus ihrer Mitte dann die Bürgermeister selbst bestimmten. Mit den Reformen zu verstärkter Bürgerbeteiligung (siehe auch hier insbesondere Bürgerbegehren und Bürgerentscheid) wurden die Beteiligungsmöglichkeiten der Bürgerinnen und Bürger in den Kommunen ausgeweitet und die Qualität der Kommunalpolitik verbessert: Ein durch die Direktwahl gestärkter Bürgermeister sollte mehr Verantwortlichkeit und Transparenz des kommunalen Entscheidungsprozesses und eine unmittelbarere Rückkoppelung an die Bürgerinnen und Bürger ermöglichen (vgl. Wehling 2010: 351 ff.). Denn die Volkswahl bedeutet durchaus einen Zuwachs an Legitimation, der mit entsprechenden Handlungserwartungen, gerade im Hinblick auf die Übernahme von Verantwortlichkeit, der Bürgerinnen und Bürger einhergeht.

Nach Herstellung der deutschen Einheit ist die Süddeutsche Ratsverfassung und die damit korrespondierende überwiegende Ablösung bzw. Abänderung von Bürgermeister-, Magistratsverfassung und Norddeutscher Ratsverfassung der wichtigste und dominierende Kommunalverfassungstyp. Die Norddeutsche Ratsverfassung zeichnete sich durch einen starken Rat und einen verhältnismäßig schwachen Verwaltungschef aus. Die drei Führungsfunktionen Vorsitz im Rat, Leitung der Verwaltung und Vertretung der Gemeinde wurden auf zwei Amtsinhaber aufgeteilt. Der Vorsitzende des Rats wurde aus dessen Mitte gewählt und trug den Titel (Ober-)Bürgermeister. Die Magistratsverfassung ist ein gewaltenteiliges Modell, das dem parlamentarischen System sehr nahe kommt: mit der Stadtverordnetenversammlung als der Volksvertretung und dem Magistrat sowie mit dem Oberbürgermeister an der Spitze als der Stadtregierung. Niedersachsen, Nordrhein-Westfalen (vormals Norddeutsche Ratsverfassung) und Schleswig-Holstein (vormals Magistratsverfassung) sind den Weg konsequent gegangen und haben sich dem Modell der Süddeutschen Ratsverfassung mehr oder weniger stark angepasst. Für die Süddeutsche Ratsverfassung kennzeichnend ist die starke Stellung des Bürgermeisters, die bereits in seiner Kompetenzausstattung zum Ausdruck kommt, d.h. er ist stimmberechtigter Vorsitzender des Rats, Chef der Verwaltung sowie Repräsentant und Rechtsvertreter der Gemeinde. Hinzu kommt als wesentliches Element die Direktwahl des Bürgermeisters. Baden-Württemberg und Bayern sind die Protagonisten dieses Verfassungstyps, und die fünf ostdeutschen Bundesländer übertrugen ihn auf ihre regionalen Gegebenheiten – unter Einbeziehung jeweiliger spezifischer Aspekte. Der vierte Typus, die Bürgermeisterverfassung in Rheinland-Pfalz und im Saarland, gab dem Bürgermeister im Wesentlichen dieselben Kompetenzen wie die Süddeutsche Ratsverfassung, nur dass er hier nicht vom Volk, sondern vom Rat gewählt wurde. Seit Einführung der Direktwahl in beiden Ländern ist der Unterschied praktisch hinfällig geworden. Somit hält nur Hessen an der Magistratsverfassung fest.

Die Direktwahl der Bürgermeister in den Städten und Gemeinden und (vom Wahlverfahren deckungsgleich) der Landräte in den Kreisen funktioniert in der Regel nach den Prinzipien der Mehrheitswahl, d.h., der ist gewählt, der mehr als die Hälfte der gültigen Stimmen erhalten hat. Erreicht keiner der Kandidaten im ersten Wahlgang die absolute Mehrheit, also über 50 Prozent der Stimmen, findet in den meisten Bundesländern nach der Direktwahl eine Stichwahl unter den zwei Bewerbern mit den höchsten Stimmenanteilen statt.

Bewertung: Die Bürgermeisterdirektwahlen zeichnen sich in den deutschen Ländern (bei gebotener differenzierter Sichtweise) durch eine eher geringe Wahlbeteiligung aus. Die durchschnittliche Wahlbeteiligung liegt nicht selten unter 50 Prozent. Dabei unterscheidet sich die Wahlbeteiligung in den Kommunen teilweise jedoch erheblich. Insgesamt wird erkennbar, dass die Wahlbeteiligung mit der Gemeindegröße sinkt.

Der Typus des hauptamtlichen Bürgermeisters übt in der Regel eine prägende Gestaltungskraft auf den kommunalen Entscheidungsprozess aus. Wobei manches Mal die Frage zu stellen ist, ob die Bürgermeister in der Lage sind, unabhängig von ihrer eigenen Parteizugehörigkeit – sofern sie denn existiert – eine eigenständige und starke Rolle zu spielen und sich nicht doch eher subjektiven Parteiinteressen unterordnen müssen. In den meisten Fällen prägen aber die hauptamtlichen Bürgermeister das lokale Geschehen und ziehen das „Licht der kommunalen Öffentlichkeit" auf sich

Tabelle 3: Urwahl von Bürgermeistern und Landräten in den Bundesländern (nur Flächenstaaten)

Bundesland	Bürgermeister	Amtszeit in Jahren	Landrat	Amtszeit in Jahren
Baden-Württemberg	ja	8	nein	-
Bayern	ja	6	ja	6
Brandenburg	ja	$5/8^2$	nein	-
Hessen	ja	6	ja	6
Mecklenburg-Vorpommern	ja[1]	$7\text{-}9^3$	ja	$7\text{-}9^3$
Niedersachsen	ja	5	ja	5
Nordrhein-Westfalen	ja[1]	6	ja	6
Rheinland-Pfalz	ja	$5/8^2$	ja	8
Saarland	ja	8	ja	8
Sachsen	ja	7	ja	7
Sachsen-Anhalt	ja	7	ja	7
Schleswig-Holstein	ja[1]	$6\text{-}8^3$	ja	$6\text{-}8^3$
Thüringen	ja	$5/6^2$	ja	6

Quelle: Eigene Darstellung, siehe auch Weixner 2006: 129
[1] nur hauptamtliche Bürgermeister
[2] erste Zahl: ehrenamtliche Bürgermeister; zweite Zahl: hauptamtliche Bürgermeister
[3] Die Gemeindeordnungen von Mecklenburg-Vorpommern und Schleswig-Holstein nennen diesen flexiblen Zeitraum für eine Amtsperiode.

Nicht zuletzt rücken sie in den Mittelpunkt der lokalen Presseberichterstattung. Man kann auch einen Zusammenhang zwischen

Größe der Kommune, Kandidatenangebot und Parteieneinfluss erkennen: Je kleiner die Kommune ist, desto konzentrierter ist das Kandidatenangebot. Je größer wiederum die Gemeinde ist, desto größer ist der Einfluss der Parteien auf die Bürgermeisterwahl und desto größer ist das Kandidatenangebot. Im Vergleich zu den Ratswahlen ist der Einfluss der Parteiorientierung auf das Wahlverhalten bei Bürgermeisterwahlen jedoch eher gering. Die Kandidatenorientierung wird als stärkerer Einflussfaktor ausgemacht. Diese ist wiederum von der Kandidatenkonstellation, dem taktischen und strategischen Wahlverhalten der Anhänger kleinerer Parteien und dem Kandidatenprofil abhängig. Hingegen kann man einen niedrigen Stammwähleranteil beobachten, weswegen man die Bürgermeisterwahl in Abgrenzung zu den Ratswahlen eindeutig als Personenwahl einstufen kann.

Bürgermeister agieren eigentlich dann erfolgreich, wenn Personentypen bzw. Kandidaten hervorgebracht werden, die über verwaltungsfachliche Qualifikationen verfügen und Eigenschaften wie Bürgernähe (z.B. offenes Auftreten, Redegewandtheit, Glaubwürdigkeit) zeigen. Eine gewisse Parteibindung, z.B. Engagement in Parteiarbeit, Identifikation mit den inhaltlichen Parteipositionen, ist allerdings zumeist schon hilfreich, um überhaupt die Chance für eine parteiinterne Auswahl als Kandidat zu erhalten. Dieser Umstand hebt sich aber von den Ausnahmebestimmungen in Baden-Württemberg ab, wo nur Einzelbewerber zugelassen sind und die Bürgermeister traditionell eine starke individuelle Stellung besitzen.

An dieser Stelle sei noch einmal erwähnt, dass es in der wissenschaftlichen Diskussion hinsichtlich der Direktwahlmöglichkeiten von Personen auch Auffassungen gibt, die durchaus plausibel einer Zuordnung zur direkten Demokratie widersprechen. (Schiller/ Mittendorf 2002: 11) oder dies zumindest kritisch betrachten (Patzelt 2005: 255). Richtig ist, dass die Urwahl von Bürgermeistern und Landräten in die repräsentativen Sphären der Kommunalwahlen eingebunden und daher nicht als eigentliches direktdemokratisches Instrument anzusehen ist. Jedoch wurden diese Direktwahlen ausschließlich zu wählender Personen als Amtsträger häufig parallel mit weiteren (direkt-)demokratischen Kommunalverfassungsreformen (siehe z.B. Bürgerbegehren und Bürgerentscheide) eingeführt, so dass eine Einbeziehung nicht ungerechtfertigt erscheint (Wehling 1994b: 26, Weixner 2006: 130). Außerdem werden sie auch mit direktdemokratischen Instrumenten verknüpft (siehe die Abwahlmöglichkeit von direkt gewählten Bürgermeistern per Bürgerentscheid).

Prägende und mittlerweile generalisierende Kennzeichen für die Bürgermeisterwahl und im Prinzip auch für die Direktwahl der Landräte als Personenwahlen in Deutschland sind bisher

⇨ ein relativ niedriger Stammwähleranteil,
⇨ ein schwächerer Einfluss der Parteiorientierung auf das Wahlverhalten,
⇨ eine zunehmende Kommunalorientierung der Wählerinnen und Wähler,
⇨ eine Profil- bzw. Kandidatenorientierung als stärkster Erklärungsfaktor.

4.3 Landesebene – Gestalterin und Mitläuferin

Die Bundesrepublik Deutschland ist nach Artikel 20 Absatz 1 GG ein Bundesstaat. Sie ist eine Verbindung mehrerer Staaten (den Gliedstaaten: Länder bzw. Bundesländer) zu einem Gesamtstaat (dem Bund). Bei der Verteilung der Staatsgewalt sollte nach den Vorstellungen der „Väter und Mütter" des Grundgesetzes zumindest ein annäherndes Gleichgewicht zwischen den nachgeordneten Gliedstaaten und dem übergeordneten Gesamtstaat begründet werden. Angesichts historischer Erfahrungen mit Machtkonzentrationen in Deutschland sollte das Prinzip des Föderalismus[18] die Lösung aller politischen Probleme durch eine „Zentralinstanz" verhindern und „Vielfalt" ermöglichen.

Die Länder, die durch ihren Zusammenschluss 1949 die Bundesrepublik Deutschland gründeten, waren Schleswig-Holstein,

---

18 Föderalismus bezeichnet ganz allgemein ein Prinzip, einen Staat zu organisieren. Ein föderativer Staat ist unterteilt in kleinere Einheiten, die ihrerseits eigene staatliche Aufgaben erfüllen können und selbst auch Staatsqualität besitzen.

Niedersachsen, die Stadtstaaten Hamburg und Bremen, Nordrhein-Westfalen, Hessen, Rheinland-Pfalz, Bayern sowie Baden, Württemberg-Baden und Württemberg-Hohenzollern. Die letzten drei schlossen sich 1952 zum Land Baden-Württemberg zusammen. Das Saarland trat erst 1957 nach einer Volksabstimmung(!) der Bundesrepublik Deutschland bei. Bis zur deutschen Vereinigung 1990 besaß Berlin (West) einen Sonderstatus. Mit der Vereinigung stießen die Länder Mecklenburg-Vorpommern, Sachsen-Anhalt, Brandenburg, Thüringen und Sachsen 1990 hinzu. Vor allem vier Merkmale zeigen die Staatsqualität sowohl des Bundes als auch der Länder: eine eigene Verfassung, eigene Verfassungsinstitutionen, eigene Amtsträger und jeweils eigene Zuständigkeiten.

Die Staatsgewalt, die nach Artikel 20 Absatz 2 GG vom Volk „in Wahlen und Abstimmungen" ausgeübt wird, stellt Volksabstimmungen auf Landes- und Bundesebene grundsätzlich auf die gleiche Stufe mit Wahlen. Allerdings stellt der faktische Aufbau des politisch-repräsentativen Systems Deutschlands besonders in der Gesetzgebung die vom Volk zu wählenden Parlamente in den Mittelpunkt. Obwohl die Mitglieder des Parlamentarischen Rates nach dem Zweiten Weltkrieg von einem tiefen Misstrauen gegen die Fähigkeit des Volkes zur plebiszitären Willensbildung erfüllt waren, nicht zuletzt durch die Kritik an der Ausgestaltung zahlreicher Elemente direkter Demokratie in der Weimarer Verfassungsordnung, wurden im Gegensatz zum Grundgesetz[19] in den meisten Landesverfassungen direktdemokratische Partizipationsinstrumente wie Volksbegehren und Volksentscheid – wenn auch mit manchem Vorbehalt – eingeführt. Damit wurde der Bevölkerung die Möglichkeit eingeräumt, unmittelbar an der Gesetzgebung teilnehmen zu können. Für die Verfassungspraxis der Länder war auch bedeutend, dass Volksbegehren und Volksentscheid an hervorgehobenen Stellen in den Artikeln verankert wurden. Schließlich kam mit der Volksinitiative / dem Bürgerantrag in zwölf Bundesländern ein weiteres Instrument hinzu, welches eine unmittelbare Teilnahme der Bürgerinnen und Bürger an der politischen Willensbildung eröffnet.

---

19 Ausnahme Artikel 29 im Zusammenhang mit Maßnahmen zur Neugliederung des Bundesgebietes.

4.3.1 Volksinitiative / Bürgerantrag

Als neueres Instrument direkter Demokratie ist in den deutschen Ländern die Volksinitiative bzw. der Bürgerantrag (so die Bezeichnung in Thüringen) in die Landesverfassungen eingefügt worden. Ihre Zielrichtung besteht unter anderem darin, den Volkswillen nachhaltiger als durch Petitionen sowie außerhalb des Gesetzgebungsverfahrens einbringen zu können. Die Befassung eines Landtags mit bestimmten Gegenständen der politischen Willensbildung, die durch die Bürgerinnen und Bürger in Form von Unterschriftenaktionen initiiert werden müssen, kann auch durch Einreichung eines ausformulierten und mit Gründen versehenen Gesetzesentwurfs geschehen. Die Zulässigkeit einer Volksinitiative hängt dabei von dem thematischen Gegenstand ab, welcher nur in der Entscheidungszuständigkeit des Landtags liegen darf. Somit kann durch die Volksinitiative der Landtag nicht veranlasst werden, sich beispielsweise mit bundespolitischen Themen auseinander zu setzen.

Um eine Volksinitiative beantragen zu können, sind Unterschriften der Stimmberechtigten aus den Ländern notwendig. Die Landesregierungen entscheiden daraufhin grundsätzlich über die Zulassung der Volksinitiativen. Eine zugelassene Initiative muss in den Bundesländern zwischen 0,5 Prozent (Nordrhein-Westfalen) und 2,6 Prozent (Thüringen) der Stimmberechtigten unterzeichnet sein. Sollte diese Unterschriftenzahl erreicht werden, stehen den Landtagen zur Behandlung einer Volksinitiative Zeiträume bis zu einem Jahr zur Verfügung. In Bremen, Mecklenburg-Vorpommern, Sachsen und Sachsen-Anhalt existieren allerdings keine Fristen.

Bewertung: Seit Einführung dieses Partizipationsinstruments wurden Volksinitiativen eher sporadisch durchgeführt. Auch wenn unstrittig ist, dass die Volksinitiative es ermöglicht, eine spezifische Ausdrucksform unmittelbarer politischer Willensbildung in die Landtage hinein zu transportieren, weist sie einige institutionelle Hürden auf, die zu bewältigen sind (siehe obige Tabelle). Ein wichtiger Punkt der Öffentlichkeitswirkung von Volksinitiativen ist, dass Vertreter beziehungsweise Initiatoren ein Recht auf Anhörung in den Landesparlamenten erhalten. Unter anderem wird dadurch ein Landtag nach einer erfolgreichen Unterschriftensammlung zur Anhörung der Initiatoren verpflichtet. Durch ein solches Recht wird in einem Landtag quasi ein weiterer „Kommunikationskanal" geöffnet, der den Vertretern einer Volksinitiative eine etwas größere Medienpräsenz zugesteht. Kritikwürdig war auch die ursprüngliche Regelung, wie z.B. in Nordrhein-Westfalen, dass die Unterschrif-

Tabelle 4: Volksinitiativen im Vergleich der Bundesländer

Bundesland	Unterschriftenquorum	Unterschriftensammlung	Frist	Erste Stufe der Volksgesetzgebung?
Berlin	20.000 (0,8%)	Frei	6 Monate	Nein
Brandenburg	20.000 (0,9%)	Frei	1 Jahr	Ja
Bremen	2% (ca. 9.800)	Frei	Keine	Nein
Hamburg	10.000 (0,8%)	Frei	6 Monate	Ja
Mecklenburg-Vorpommern	15.000 (1,1%)	Frei	Keine	Ja
Niedersachsen	70.000 (1,2%)	Frei	1 Jahr	Nein
Nordrhein-Westfalen	0,5% (ca. 65.000)	Frei	1 Jahr	Nein
Rheinland-Pfalz	30.000 (1%)	Frei	1 Jahr	Ja
Sachsen	40.000 (1,1%)	Frei	Keine	Ja
Sachsen-Anhalt	30.000 (1,4%)	Frei	Keine	Ja
Schleswig-Holstein	20.000 (0,9%)	Frei	1 Jahr	Ja
Thüringen[2]	50.000 (2,6%)	Frei	6 Monate	Nein

[1] Quelle: Eigene Erhebung. Nicht in allen 16 Bundesländern sind Volksinitiativen auf Landesebene vorgesehen. In Baden-Württemberg, Bayern, Hessen und dem Saarland spricht man von einer sog. zweistufigen Volksgesetzgebung. Die dortigen Landesverfassungen kennen nur zwei Elemente direkter Demokratie: Volksbegehren und Volksentscheid.
[2] In Thüringen und Bremen existiert der Bürgerantrag, der nur eine gering modifizierte Form der Volksgesetzgebung ist.

tensammlung nicht frei, sondern als recht aufwändiges Verfahren der Amtseintragung an die Rathäuser gebunden war, obwohl durch den eigentlichen Akt der Volksinitiative letztlich keinerlei Handlungszwang für den Landtag entsteht. Schließlich hat sich auch gezeigt, dass der Mobilisierungsaufwand für eine Volksinitiative vergleichbar mit dem eines Volksbegehrens ist. In einer ganzen Reihe von Ländern kann nach einer Ablehnung durch den Landtag die Volksinitiative auch als Antrag auf ein Volksbegehren gestellt werden. Diese gestufte Vorgehensweise wird jedoch bisher nicht in Berlin, Bremen, Niedersachsen, Nordrhein-Westfalen, Sachsen-Anhalt und Thüringen praktiziert. Zweifellos würde das Partizipationsinstrument durch eine solche Verknüpfung direktdemokratisch aufgewertet. Insgesamt zeigen die Volksinitiativen zwar in den deutschen Ländern politische Wirkung, aber in den vorliegenden Ausprägungen ist der instrumentelle Charakter für die Bürgerinnen und Bürger auch relativ schwer umsetzbar.

4.3.2 Volksbegehren und Volksentscheid

Durch ein Volksbegehren erhalten die wahlberechtigten Bürgerinnen und Bürger in den deutschen Ländern die Möglichkeit, per Antrag sich (zunächst) an ihre Landesregierungen zu wenden, um ein Gesetz zu erlassen, zu ändern oder gar aufzuheben. Der thematische Gegenstand eines Volksbegehrens muss dabei immer ein förmliches Gesetz sein, für welches das jeweilige Bundesland die Gesetzeszuständigkeit besitzt. Allerdings sind auch nicht alle Ländergesetze bei einem Volksbegehren zulässig: Ausgeschlossen sind Volksbegehren in den meisten Ländern über Abgaben (Gebühren, Steuern), Besoldungsordnungen, Finanzfragen sowie über Staatsverträge. Ausgangspunkt eines initiierten Volksbegehrens muss ein ausgearbeiteter und mit Gründen versehener Gesetzentwurf sein, wobei ein solcher Entwurf bei eventuell vorliegenden rechtstechnischen Mängeln das Volksbegehren aber nicht automatisch unzulässig macht.

Einzelheiten über die Verfahren bei Volksbegehren und Volksentscheiden sind in dazu ergangenen Durchführungsverordnungen und in entsprechend anzuwendenden Vorschriften der Landeswahlgesetze enthalten. Zunächst ist ein von einer Mindestzahl von Stimmberechtigten unterzeichneter Antrag auf Zulassung der Auslegung von Eintragungslisten an die Landesregierungen (siehe Innenminister) zu richten.

Wird dem Antrag der Initiatoren stattgegeben, erfolgen öffentliche Bekanntmachungen (z.B. im Ministerialblatt), was zur Folge hat, dass nach der Verkündung die Gemeindebehörden Eintragungslisten entgegen zu nehmen haben. Die Listen sind für die stimmberechtigten Unterstützer des Volksbegehrens zur eigenhändigen Eintragung innerhalb unterschiedlicher Fristen auszulegen; erwähnenswert ist in diesem Zusammenhang, dass die Zahl der Eintragungsstätten in der Regel nicht der Zahl der Wahllokale bei Landtags- oder Kommunalwahlen zu entsprechen braucht – unter Umständen ein Nachteil für die Initiatoren eines Volksbegehrens.

Das Volksbegehren bedarf der Unterstützung zwischen ca. 4 Prozent (Brandenburg) und 20 Prozent (Hessen, Saarland) der Stimmberechtigten in den Bundesländern. Wird das jeweilige Quorum nicht erreicht, ist das Volksbegehren gescheitert. Die Landtage sind im Übrigen wirklicher Adressat des Volksbegehrens; dabei haben sie sich sachlich mit dem Volksbegehren zu befassen. Führen die Landtage keinen Beschluss herbei, gilt das Volksbegehren als abgelehnt. Entsprechen die Landtage wiederum dem Begehren ohne sachliche Änderungen, kommt ein Landesgesetz wie jedes andere durch Ausfertigung und Verkündung zustande.

Ein Volksentscheid wird nur durchgeführt, wenn der zuständige Landtag einem zulässigen Volksbegehren nicht entsprochen hat. Der Volksentscheid hat das Ziel, einen Gesetzesbeschluss der Bürgerinnen und Bürger anstelle des Landtags treten zu lassen. Das Gesetz kann durch die Annahme des Entwurfs mit der Mehrheit der abgegebenen Stimmen realisiert werden; allerdings nur unter der Voraussetzung, wenn diese Mehrheit zwischen 15 Prozent (Nordrhein-Westfalen) und 50 Prozent (Saarland) der Stimmberechtigten.[20] Ein solches Quorum soll eine gewisse Repräsentativität gewährleisten, steht aber im Hinblick seiner Angemessenheit im politi-

---

20 Ausnahmen sind Bayern, Hessen und Sachsen, wo bei einfachen Gesetzen kein Zustimmungsquorum existiert.

schen Streit. Über den Gegenstand des Volksbegehrens kann beim Volksentscheid geheim nur mit „Ja" oder „Nein" abgestimmt werden. Entscheidend ist die Mehrheit der abgegebenen gültigen Stimmen. Bei Erreichen der notwendigen Mehrheit ist das Gesetz von den Landesregierungen auszufertigen und zu verkünden.

Tabelle 5: Verfahren für Volksbegehren und Volksentscheid in den 16 Bundesländern[1]

Bundesland	Finanzen	Volks-begehren	Volks-begehren	Volks-ent-scheid	Volks-ent-scheid
	Themen mit finanziellen Folgen zulässig?	Unter-schriften-quorum	Eintra-gungsfrist Amt (A) oder frei (F)[2]	Zustim-mungs-quorum einfaches Gesetz	Zustim-mungs-quorum verf.änd Gesetz
Baden-Württemb.	Nein	16,6%	14 Tage (A)	33,3%	50%
Bayern	Nein	10%	14 Tage (A)	Kein Quorum	25%
Berlin	Ja	7% 20%[4]	4 Monate (A)	25%	50% + 2/3-Mehrheit
Branden-burg	Nein[3]	3,7%	4 Monate (A)	25%	50% + 2/3-Mehrheit
Bremen	Nein[3]	5% 20%[4]	3 Monate (F + öff. Räume)	20%	50%
Hamburg	Nein	5%	21 Tage (F + A)	Kein Quorum oder 20%[6]	Kein Quo-rum + 2/3-Mehrheit[10]
Hessen	Nein	20%	14 Tage (A)	Kein Quorum	Nicht möglich
Mecklenb.-Vorpomm.	Nein	8,5%	Keine Frist (F)[5]	33,3%	50% + 2/3-Mehrheit
Nieder-sachsen	Nein	10%	6 Monate (F)	25%	50%
Nordrhein-Westfalen	Nein	8%	18 Wo-chen (A) + 12 Mona-te (F)[11]	15%	50% + 2/3-Mehrheit
Rheinland-Pfalz	Nein	Ca. 10%	2 Monate (A)	25%[7]	50%

Saarland	Nein	20%	14 Tage (A)	50%	Nicht möglich
Sachsen	Ja	12,6%	8 Monate (F)	Kein Quorum	50%
Sachsen-Anhalt	Nein	11%	6 Monate (F)	25%[8]	50% + 2/3-Mehrheit
Schleswig-Holstein	Nein[3]	5%	6 Monate (A)[9]	25%	50% + 2/3-Mehrheit
Thüringen[2]	Nein	10% (F) 8% (A)	4/2 Mon. (F)/(A)	25%	40%
Zum Vergleich:					
Schweiz (Bund)	Ja	Ca. 2%	18 Monate	Kein Quorum	Kein Quorum
Kalifornien (USA)	Ja	Ca. 2%	5 Monate	Kein Quorum	Kein Quorum

Quelle: Eigene Darstellung

[1] Mehr Demokratie e.V.: Verfahren Übersicht – Volksbegehren und Volksentscheid Länder, Stand: September 2010

[2] Die Unterschriften müssen entweder frei auf der Straße gesammelt (F) oder dürfen nur in Amtsräumen geleistet werden (A).

[3] Finanzwirksame Initiativen sind jedoch zulässig.

[4] Die zweite Zahl bezieht sich auf die nötige Unterschriftenzahl bei verfassungsändernden Volksbegehren.

[5] Neben der freien Sammlung kann eine zweimonatige Amtseintragung beantragt werden.

[6] Bei Abstimmungen zugleich mit der Bundestags- oder Bürgerschaftswahl ist der Volksentscheid erfolgreich, wenn er zwei Kriterien erfüllt: Die Mehrheit der Abstimmenden muss zustimmen. Außerdem muss der Vorschlag im Volksentscheid mindestens so viele Ja-Stimmen erhalten, wie der Mehrheit der in dem gleichzeitig gewählten Parlament repräsentierten Hamburger Stimmen entsprechen. Die Abstimmung kann auch unabhängig von der Bundestags- oder Bürgerschaftswahldurchgeführt werden. Dann gilt das 20%-Zustimmungsquorum.

[7] Es handelt sich um ein Beteiligungsquorum von 25 Prozent.

[8] Das Zustimmungsquorum entfällt, wenn der Landtag eine Konkurrenzvorlage beim Volksentscheid zur Abstimmung stellt.

[9] Amtseintragung sowie auf Antragung in weiteren Behörden und nicht amtlichen Eintragungsstellen.

[10] Der Volksentscheid ist erfolgreich, wenn er eine Zweidrittel-Mehrheit der Abstimmenden und mindestens so viele Stimmen erhält, wie der Zweidrittel-Mehrheit der in dem gleichzeitig gewählten Parlament repräsentierten Hamburger Stimmen entsprechen.

[11] Im Dezember 2011 beschloss der nordrhein-westfälische Landtag mehrheitlich die Einführung der freien Unterschriftensammlung. Die Amtseintragung bleibt erhalten, ist aber nur in den ersten 18 Wochen eines Volksbegehrens möglich. Die Frist für die freie Sammlung beträgt hingegen ein Jahr.

Bewertung: In den deutschen Ländern fanden im Zeitraum von 1946 bis 2011 bislang 76 konkrete Versuche unmittelbarer Gesetzgebung, sprich Volksbegehren statt, die von der Bevölkerung selbst initiiert wurden. Thematisch dominieren Sachverhalte zu Bildung und Kultur sowie Demokratie und Innenpolitik. Die Themenpalette wird dabei durch die Gesetzgebungskompetenzen der Bundesländer vorgegeben. Bayern hat mit 18 Volksbegehren und sechs Volksentscheiden vor Hamburg mit 14 Volksbegehren und mittlerweile auch schon sechs Volksentscheiden die meisten direkten Bürgerbeteiligungsverfahren auf Landesebene vorzuweisen. Hinsichtlich der Häufigkeit pro Jahr liegt allerdings Hamburg bundesweit mit 1,1 Volksbegehren vorne, da im nördlichen Stadtstaat erst seit 1996 Volksbegehren zugelassen sind, in Bayern jedoch schon seit 1946.

Die geringe Zahl von 76 Volksbegehren und 20 Volksentscheiden seit 1946 hat einerseits weder vermeintliche Befürchtungen einer Schwächung der repräsentativen Demokratie hinsichtlich einer Überforderung der Bürgerinnen und Bürger bei komplexen Entscheidungen bestätigt sowie andererseits die Hoffnungen der Befürworter direkter Demokratie wohl enttäuscht, dass sich die Zahl der unmittelbar Beteiligten an der Landespolitik durch dieses Partizipationsinstrument signifikant erhöhen ließe. Statistisch gesehen findet damit lediglich alle etwas über 30 Jahre ein Volksentscheid pro Bundesland statt. Gründe für die geringe Umsetzungsquote sind durchaus zu identifizieren: Die Unterschriftenquoren bei den Volksbegehren sind in vielen Flächenländern immer noch recht hoch. Für ein Volksbegehren müssen große Stimmenanteile zusammengetragen werden – dies erfordert eine erhebliche Organisationsfähigkeit der Initiatoren, weil zusätzlich die Eintragungsfristen zu beachten sind. Gleichwohl haben einige Länder dieses Eintragungsfristen mittlerweile doch schon auf mehrere Monate ausgedehnt, in Nordrhein-Westfalen sogar bis zu einem Jahr. Auch beim Volksentscheid müssen Hürden genommen werden: Die Zustimmungsquoren für einen Entscheid bei einfachen Gesetzen existieren im Idealfall für die Initiatoren nicht (siehe Bayern, Hessen und Sachsen und modifiziert Hamburg) oder betragen gar 50

Prozent wie im Saarland und immerhin noch 33,3 Prozent in Mecklenburg-Vorpommern und Baden-Württemberg.

Tabelle 6: Häufigkeit Volksbegehren (VB) und Volksentscheide (VE), 1946-2011

Bundesland	Einführung	Anzahl VB	Anzahl VE
Baden-Württemberg	1953	1	1
Bayern	1946	18	6
Berlin	1949-1974, 1995	6	3
Brandenburg	1992	8	Fehlanzeige
Bremen	1947	4	Fehlanzeige
Hamburg	1996	14	6
Hessen	1946	1	Fehlanzeige
Mecklenburg-Vorpommern	1994	1	Fehlanzeige
Niedersachsen	1993	3	Fehlanzeige
Nordrhein-Westfalen	1950	2	Fehlanzeige
Rheinland-Pfalz	1947	1	Fehlanzeige
Saarland	1979	Fehlanzeige	Fehlanzeige
Sachsen	1992	4	1
Sachsen-Anhalt	1992	3	1
Schleswig-Holstein	1990	5	2
Thüringen	1994	5	Fehlanzeige

Quelle: Eigene Darstellung

Bei der bundesweit beachteten Volksabstimmung in Baden-Württemberg zu „Stuttgart 21" scheiterten die Initiatoren dieses Entscheids nicht nur daran, dass 58,8 Prozent der Abstimmenden gegen einen Ausstieg aus dem Bahnprojekt votierten, sondern weil auch das Zustimmungsquorum von 33,3 Prozent verfehlt wurde. Dabei lag die Wahlbeteiligung bei respektablen 48,3 Prozent von insgesamt 7,6 Mio. Wahlberechtigten. Dieses Ergebnis ist aufgrund mancher zu beobachtender verzerrter Wahrnehmung über institutionelle Hürden bei Volksabstimmungen wohl erläuterungsbedürftig. Um den Volksentscheid aus Sicht der Gegner zu einem Erfolg zu führen, hätten bei einer fiktiven Beteiligung von 33,3 Prozent, also dem erforderlichen Quorum, 100 Prozent der Wahlberechtigten gegen das Projekt stimmen müssen. Bei der tatsächlichen Wahlbeteiligung von 48,3 Prozent wäre immer noch eine Quote von ca. 70 Prozent dagegen erforderlich gewesen. Erst bei einer Beteiligung von rund 67 Prozent aller Wahlberechtigten hätte die einfache Mehrheit gegen „Stuttgart 21" genügt, um das Projekt zu verhindern. Eine Größenordnung, die für eine Abstimmung über einen einzelnen (regionalen) Sachverhalt schwerlich erreichbar sein dürfte.

Bei Verfassungsänderungen sind in den meisten Ländern 50 Prozent (plus 2/3-Mehrheit) erforderlich oder in Hessen und im Saarland überhaupt nicht möglich. Aufgrund dieser Zulassungsbeschränkungen scheinen Volksbegehren und –entscheide nur in Ausnahmefällen realisierbar zu sein. Hier ist die Frage zu stellen, ob die verantwortlichen Politikerinnen und Politiker in den Ländern bereit wären, die in den meisten Fällen zweifellos noch hohen Hürden weiter abzusenken.

In einem materiellen Sinne könnte im Hinblick auf eine erweiterte Bürgermitwirkung auch das Fehlen von obligatorischen Volksabstimmungen über Verfassungsänderungen (Ausnahmen Bayern, Hessen und sehr eingeschränkt Berlin) sowie der überwiegende Ausschluss von Volksbegehren zu Finanzthemen (Ausnahmen Berlin und Sachsen) bemängelt werden (vgl. ausführlicher Jung 2005: 315 ff.). So wäre nicht auszuschließen, dass solche Kernbereiche demokratisch zu führender Entscheidungen das Interesse und das Verantwortungsgefühl der Bürgerinnen und Bürger gegenüber der Landespolitik in einem gewissen Maße stärken könnten. Zweifellos wäre eine erweiterte Einbindung der Bürgerinnen und Bürger durch unmittelbare Entscheidungen kein Allheilmittel gegen Politiker- und Parteienverdrossenheit, aber genauso wenig wäre es eine Gefahr für die Funktionsfähigkeit der Demokratie. Zumindest tragen Volksbegehren und Volksentscheid, trotz bisher spärlicher Anwendungszahl, indirekt dazu bei, die Politik etwas mehr zu kontrollieren und transparenter zu gestalten. Noch deutlich bescheidener hinsichtlich der strukturellen und materiellen Anwendungsmöglichkeiten bei Volksbegehren und Volksentscheiden schaut es auf der Bundesebene aus.

4.4 Bundesebene – Bremserin

Ohne Zweifel ist die Bundesrepublik Deutschland in erster Linie eine konsequent repräsentative Demokratie. Wenn die Bürgerinnen und Bürger Volksvertretungen wählen, obliegt diesen prinzipiell die alleinige Entscheidungskompetenz für Ämterbesetzungen und Sachentscheidungen. Dem Volk werden im Grundgesetz praktisch so gut wie keine direktdemokratischen Rechte eingeräumt. Insbesondere bei Einführung des Grundgesetzes wurden – wie bereits beschrieben – die vermeintlich schlechten Erfahrungen in der Weimarer Republik mit Elementen direkter Demokratie als Ausschlussgrund herangeführt. So fürchtete man die unheilvolle Beeinflussung des Volkes durch Demagogen und antizipierte eine Emotionalisierung und Polarisierung der Bevölkerung bei zentralen Volksabstimmungen, die rationale Vernunftentscheidungen erschweren würden. Vorschläge zur Einführung direktdemokratischer Elemente in das Verfassungsgefüge mussten sich deshalb für viele Jahre mit dieser dominierenden Grundhaltung in Politik und Gesellschaft der Bundesrepublik Deutschland auseinandersetzen. Als betonte Ausnahmen gelten aber die Artikel 29 (als Sonderfall daran angelehnt 118 und 118 a) sowie 146 des Grundgesetzes.

Art. 29 Abs. 2 ff. GG regelt die seltene Neugliederung der Bundesländer (z.B. Veränderungen der Grenzen bzw. Fusionen), bei denen ein Volksentscheid zur Bestätigung notwendig ist. Obwohl es einige Anläufe gab, ist bisher nur eine Neugliederung per Volksentscheid realisiert worden: die Fusion der Länder Baden, Württemberg-Baden und Württemberg-Hohenzollern zum neuen Bundesland Baden-Württemberg im Jahre 1952. Der recht spektakuläre Versuch einer Fusion von Berlin und Brandenburg zu einem neuen Bundesland Berlin-Brandenburg scheiterte 1996 an der verfassungsmäßig notwendigen Mindestzustimmung von 25 Prozent, die zwar von den Berlinern (überwiegende Zustimmung im ehemaligen Westteil, allerdings mehrheitliche Ablehnung im Ostteil) überschritten wurde, aber – bei getrennter Abstimmungszeremonie – nicht von den Brandenburgern. Dazu kam ein Nein-Stimmenanteil von 63 Prozent. Die fünf deutschen Bundesländer Mecklenburg-Vorpommern, Brandenburg, Thüringen, Sachsen-Anhalt und Sachsen, hervorgegangen aus dem ehemaligen Staatsgebiet der DDR, wurden 1990 durch Annahme des Grundgesetzes und durch Einheitsvertrag in das Staatsgebiet der Bundesrepublik Deutschland aufgenommen. Eine Neugliederung fand jedoch im Sinne der Definition des Grundgesetzes nicht statt, so dass (juristisch gesehen) eine Volksabstimmung nicht in Betracht kam. Die Neugliederung der Bundesländer gemäß Artikel 29 GG stellt jedoch von vornherein keine bundesweite Volksabstimmung dar, sondern ist nur eine Territorialabstimmung in den betroffenen Bundesländern. Die Bevölkerung dort kann den Zusammenschluss oder auch die mögliche Teilung der Länder in einem Volksentscheid bestätigen oder ablehnen. Erschwerend kommt hinzu, dass die Bevölkerung kein Initiativrecht für eine Neugliederung der Bundesländer besitzt.

Bei dem besonderen Fall einer Verfassungsablösung nach Artikel 146 GG, wenn also gar eine neue Verfassung in Kraft treten soll, ist das Volk grundsätzlich direkt zu beteiligen. Doch diese Annahme ist nicht ohne juristischen Widerspruch geblieben, weil der Artikel erst einmal nur besagt, dass eine neue Verfassung „von dem deutschen Volke in freier Entscheidung beschlossen" werden soll. Dieser Passus wurde teilweise im staatsrechtlichen Sinne so interpretiert, dass auch eine repräsentativ geführte Entscheidung den freien Willen des Volkes zum Ausdruck bringen kann. Ein Volksentscheid würde sich damit erübrigen. So blieb die um 1989/1990 zeitweise auf der politischen Tagesordnung stehende Überlegung, bei Herstellung der deutschen Einheit eine neue Verfassung zu installieren und das Grundgesetz sowie die alte DDR-Verfassung abzulösen, nur ein „zartes Pflänzchen". Aus politischen, juristischen und letztlich pragmatischen Erwägungen heraus wurden bekanntermaßen Beitrittsverhandlungen von den damaligen bundesrepublikanischen Entscheidungsträgern mit der DDR-Seite geführt, die mit dem Beitritt der DDR zur Bundesrepublik abgeschlossen wurden und eine direktdemokratische Beteiligung zur Installierung einer neuen Verfassung obsolet machten. Das bewährte Grundgesetz blieb bestehen und lediglich an einigen Stellen verändert. So wurde Artikel 23 GG (sog. „Beitrittsartikel") nach der Wiedervereinigung gestrichen und durch den „Europa-Artikel" ersetzt; Präambel und eben Artikel 146 wurden modifiziert.

Bewertung: Eine direktdemokratische Erweiterung des Grundgesetzes scheint bis heute wegen eines grundsätzlichen Misstrauens in nicht unerheblichen Teilen der verantwortlichen Parteien gegenüber der demokratischen Reife der deutschen Bevölkerung zu scheitern. Mögen zu der Zeit seiner Einführung 1949 solche Überlegungen noch relevant gewesen sein, so ist nach über sechzigjähriger Erfahrung mit dieser freiheitlichsten aller deutschen Verfassungen und seiner fast uneingeschränkten Zustimmung durch die Deutschen ein Demokratiemisstrauen nicht mehr angemessen. Größte Bremserin auf Bundesebene ist die CDU, die sich bisher gegenüber erweiterten direktdemokratischen Beteiligungsmöglichkeiten der Bevölkerung sperrt. Die übrigen im Bundestag vertretenen Parteien befürworten mit unterschiedlich starken Ausprägungen grundsätzlich die Einführung direktdemokratischer Elemente in das Grundgesetz. Da die CDU mit ihrem Stimmenanteil von über 33 Prozent jedoch eine Sperrminorität besitzt und eine Zweidrittel-Mehrheit für eine Verfassungsänderung des Grundgesetzes zur Einführung direktdemokratischer Instrumente notwendig ist, liegt dieses Vorhaben (noch) sozusagen „auf Eis". Eine moderne pluralistische Gesellschaft zeichnet sich aber durch ein Mitsprachebedürfnis der Bevölkerung aus, das Volkssouveränität nicht lediglich dahingehend interpretiert, alle vier oder fünf Jahre wählen gehen zu können. Schon vor über 25 Jahren wurde bereits die Mängelliste einer „Zuschauerdemokratie" benannt: Politikverdrossenheit und Vertrauensschwund in der Bevölkerung, Zurichtung politischer Inhalte auf Wahltermine und Medienöffentlichkeit, Ausblendung längerfristiger Themen, Kompetenzbehauptung statt

Problemlösung und manches mehr (Wassermann 1986). Die demokratischen Prinzipien der Volkssouveränität und der Gewaltenteilung stehen dabei der Einführung einer Volksgesetzgebung mit erweiterten Anwendungsmöglichkeiten von Volksbegehren und Volksentscheid, insbesondere in der Form des fakultativen Referendums, auf Bundesebene wohl kaum im Wege. Die entstandene Kluft zwischen Bürger und Politik könnte durch die Einführung dieser direktdemokratischen Instrumente vielmehr verringert werden und als Korrektiv zum parlamentarischen Normalverfahren wirken. Ohne dass die Rolle der politischen Parteien gemäß ihrem Verfassungsauftrag beschnitten würde, enthielten Volksabstimmungen auf Bundesebene quasi ein Element zusätzlicher Gewaltenteilung, also des Prinzips, aus dem Parlamente ursprünglich hervorgegangen sind und auf dem Demokratie und Rechtsstaat westlicher Prägung beruhen. Schließlich zeigt die Erfahrung mit Volksbegehren und Volksentscheiden in den Bundesländern sowie im Ausland, dass die Bürgerschaft dort einen sparsamen Gebrauch von diesen Instrumenten macht und deren Erfolgsaussichten abwägt, was allein schon durch die vielfältigen Zulässigkeitsvoraussetzungen, insbesondere Zustimmungs- und Abstimmungshürden, bedingt ist.

Warum also an dieser Stelle nicht einmal inne halten und darüber nachdenken, wie es ausschauen könnte, wenn das deutsche Volk beispielsweise den Bundespräsidenten direkt wählen würde.

Exkurs: Direktwahl des Bundespräsidenten – ein Denkmodell

Der Bundespräsident als Staatsoberhaupt der Bundesrepublik Deutschland ist einer direkten Volkswahl entzogen und wird in einem repräsentativen Sinne stellvertretend durch die sog. Bundesversammlung gewählt. Würde der Bundespräsident jedoch direkt gewählt, entspräche dies durchaus dem Grundsatz des Artikel 20 Absatz 2 Grundgesetz, in dem die Staatsgewalt vom Volk „in Wahlen und Abstimmungen" ausgeübt wird. Seine demokratische Legitimation würde aber zweifellos direkter, weil er unmittelbar vom Souverän gewähltes Verfassungsorgan der politischen Staatsführung wäre.

Wählbar zum Bundespräsidenten nach Artikel 54 Absatz 1 Grundgesetz ist aktuell, wer die deutsche Staatsbürgerschaft besitzt, das Wahlrecht zum Bundestag ausüben darf und mindestens 40 Jahre alt ist. Vorschlagsberechtigt ist jedes Mitglied der Bundesversammlung. Die Bundesversammlung besteht aus den Mitgliedern des Bundestages und ebenso vielen von den 16 Landesparlamenten gewählten Wahlmännern und -frauen. Darunter können auch einige Persönlichkeiten des öffentlichen Lebens z.B. aus Sport, Kunst oder verschiedenen Verbänden benannt werden. Der Bundespräsident wird von der Bundesversammlung geheim und ohne Aussprache gewählt. Notwendig dafür ist die absolute Stimmenmehrheit der Mitglieder der Bundesversammlung. Sollte diese Mehrheit in einem ersten und zweiten Wahlgang nicht zustande kommen, reicht in einem dritten Wahlgang die relative Mehrheit aus. Dieser Fall trat bisher 1969, 1994 und 2010 ein. Die Amtsperiode des Bundespräsidenten beträgt fünf Jahre, und er kann ein Mal wiedergewählt werden. Die Kandidatenauswahl im Vorfeld der letzten Wahlen zum Bundespräsidenten, die insbesondere unter taktischen Motiven für das stärkste Parteienbündnis geführt wurde, ließ jedoch wieder Stimmen laut werden, eine Direktwahl des Bundespräsidenten einzuführen. Wie könnte eine solche Direktwahl in Deutschland ausschauen?

Anhand eines fiktiven (aber plausiblen) Wahlverfahrenmodells soll der mögliche Weg zum Bundespräsidentenamt skizziert werden:

Wahl

Der Bundespräsident wird in allgemeiner, freier, geheimer, gleicher und persönlicher Wahl direkt von allen wahlberechtigten deutschen Staatsbürgern für eine Amtsperiode von fünf Jahren gewählt. Eine Wiederwahl ist nur ein Mal möglich. Stellt sich nur ein Bewerber der Wahl, ist diese in Form einer Abstimmung durchzuführen. Zum Bundespräsidenten ist gewählt, wer mehr als die Hälfte aller gültigen Stimmen auf sich vereinigt. Hat kein Kandidat im ersten Wahlgang die notwendige absolute Mehrheit erzielt, wird nach 14 Tagen eine Stichwahl durchgeführt. Zu dieser Stichwahl treten die beiden Kandidaten mit den meisten Stimmen aus dem ersten Wahlgang gegeneinander an. Gewählt ist, wer die Mehrheit der gültigen Stimmen auf sich vereinigt.

Wahlberechtigung
Aktiv wahlberechtigt ist jeder zur Bundestagswahl Wahlberechtigte. Das sind alle deutschen Staatsbürger, die spätestens mit Ablauf des Tages der Wahl das 18. Lebensjahr vollendet haben.

Wählbarkeit
Zum Bundespräsidenten kann nur gewählt werden, wer das aktive Wahlrecht zum Bundestag besitzt. Das sind alle deutschen Staatsbürger, die spätestens am Wahltag das 40. Lebensjahr vollendet haben.

Wahlunvereinbarkeit
Mit der Wahl des Bundespräsidenten darf keine andere Wahl oder Volksabstimmung zur gleichen Zeit durchgeführt werden.

Wahlverfahren
Die Bundesregierung schreibt die Wahl aus, die den Wahltag und den Stichtag zu enthalten hat. Ein neu gewählter Kandidat kann sein Amt erst dann antreten, wenn die Amtsperiode des Amtsvorgängers abgelaufen ist. Wahlvorschläge für den Bundespräsidenten können von Parteien und Einzelpersonen eingebracht werden. Diese müssen spätestens am 30. Tag vor dem Wahltag der Bundeswahlbehörde vorgelegt werden und von mindestens 60.000 Wahlberechtigten unterschrieben sein. Entsprechende Unterschriften für Wahlvorschläge müssen von den im Bundestag vertretenen Parteien nicht erbracht werden. Nach stattgefundener Wahl hat der Bundeskanzler das Wahlergebnis unverzüglich im Bundesgesetzblatt bekannt zu machen.

So müsste der Artikel 54 Grundgesetz entsprechende Änderungen durch eine Zweidrittel-Mehrheit des Bundestages erfahren und natürlich weitere detaillierte Wahlrechtsänderungen noch per Bundesgesetz geregelt werden. Aber vom Prinzip her könnte eine Direktwahl des Bundespräsidenten auf diese Weise erfolgen.

Nachdem bisher die direktdemokratische Situation in Deutschland beleuchtet wurde, lohnt sich nun auch ein Blick auf die internationale Ebene, die durchaus ein facettenreiches Bild der direkten Demokratie abgibt.

5 Direkte Demokratie auf internationaler Ebene

Die erste konkrete internationale Volksabstimmung über eine Verfassung – ein Verfassungsreferendum – fand im Jahre 1639 in Amerika statt, und zwar in der damals unabhängigen Kolonie Connecticut. Hier wurden praktisch auch heute noch gültige Elemente direkter Demokratie angewandt, indem festgeschriebenen Mitwirkungs- und Mitbestimmungsrechte der Bürgerinnen und Bürger als unmittelbare Einwirkung auf eine bestimmte Entscheidung in einem politischen System zur Geltung kamen. Im Zeitraum von 1778 bis 1880 prägten dann die Verfassungsgebungen in Massachusetts und New Hampshire im Osten der Vereinigten Staaten die weiteren Entwicklungen. Für Europa nahm das revolutionäre Frankreich eine wichtige Rolle ein. Die während der Französischen Revolution sich konstituierende Nationalversammlung ermöglichte dem Volk eine Entscheidung über eine Verfassung. 1793 erhielten sechs Millionen stimmberechtigte Franzosen die Gelegenheit, eine neue demokratische Verfassung, die sog. Montagnard Verfassung, einzuführen. Fast 90 Prozent der Stimmberechtigten stimmten dieser „revolutionären Hausordnung" zu. Doch die kurz darauf folgende Diktatur Kaiser Napoleons I. machte die weitere Entwicklung von Volksrechten in Frankreich zunichte, während dagegen das Nachbarland Schweiz eine direktdemokratische Promotorenrolle übernahm. Von Europa wanderte sozusagen dann im späten 19. Jahrhundert die direkte Demokratie in die nordwestlichen Staaten der USA zurück. Anfang des 20. Jahrhunderts fand die direkte Demokratie auch in Uruguay, Australien und Neuseeland neue Anhänger (Kaufmann 2005: 19 f.).

Direktdemokratische Instrumente erhielten jedoch erst nach dem Ende des Zweiten Weltkrieges weltweite Bedeutung. Bisher fanden über 1.500 landesweite Abstimmungen in den letzten 200 Jahren auf der ganzen Welt statt, davon fast die Hälfte seit 1990. Europa dominiert die direktdemokratische Statistik mit einem Anteil von 60,8 Prozent, gefolgt von Asien (11,3 Prozent), Amerika (10,9 Prozent), Afrika (10,2 Prozent) und Ozeanien (6,8 Prozent). Dabei fällt auf, dass der Gesamtanteil der direktdemokratisch führenden Nation, der Schweiz, kontinuierlich abgenommen hat. Obwohl die Schweiz langsam auf die Marke von 600 nationalen Volksabstimmungen zusteuert und ihr Anteil bis 1900 weltweit noch bei über 80 Prozent lag, ging dieser bis 1980 schon auf 46 Prozent zurück und weist nunmehr nur noch einen Anteil von etwas unter 25 Prozent auf. (Kaufmann/Büchi/Braun 2010).

Tabelle 7: Volksentscheide auf nationaler Ebene in der Welt 1793-2010[1]

	Bis 1900	1901-2000	2001-2010
Europa	58	709	167
Asien	0	142	30
Amerika	3	118	44
Ozeanien	0	80	22
Afrika	0	119	35
Insgesamt	61	1.168	298

Quelle: eigene Darstellung
[1] The IRI Guidebook To Direct Democracy – 2010 Edition

Bewertung: Auch wenn diese deutlich steigende Tendenz von Volksentscheiden auf nationaler Ebene in der Welt eine neue demokratische Mitbestimmungskultur zu versprechen scheint, ist eine differenzierte Betrachtungsweise geboten. So kann zwar beispielsweise in direktdemokratischer Reinkultur in der Schweiz eine Volksabstimmung auf Initiative einer bestimmten Anzahl von Stimmberechtigten oder der Vorgabe durch die Verfassung durchgeführt werden. In vielen anderen Ländern kann jedoch nur die Regierung oder das Staatsoberhaupt eine Volksabstimmung anordnen. Plebiszite, die auf solche Weise realisiert werden, enthalten den Bürgerinnen und Bürgern eine Teilhabe im Sinne einer *Machtteilungsfunktion* vor. Direkte Demokratie ist im Hinblick auf diese Differenzierungen nicht mit Volksabstimmung oder plebiszitärer Demokratie gleichzusetzen, da nicht alle Volksabstimmungsverfahren direktdemokratisch sind (Kaufmann 2005: 21). Durch direkte Demokratie werden die Bürgerinnen und Bürger zu einem

Entscheidungsmandat ermächtigt – sie können selbst die Initiative ergreifen. Ein Plebiszit wird von einem Staatsorgan (siehe Regierung, Präsident oder Parlament) eingeleitet und kann damit durchaus als Machtinstrument der Regierenden gelten.

5.1 Schweiz – der direktdemokratische Sonderfall

Heutige Struktur und Organisation der Schweiz gehen auf die Bundesverfassung von 1848 zurück. Es bedurfte jedoch einer zweiten demokratischen Revolution, um gegen den Widerstand der liberalen Herrschaftselite Elemente direkter Demokratie einzuführen. Dieses Verdienst gebührte der Demokratischen Bewegung in den 1860er Jahren. Im Kanton Zürich wurde dann der entscheidende Durchbruch zur modernen direkten Demokratie erzielt. Die sog. Zürcher Kantonsverfassung kombinierte eine Reihe von Mitwirkungsrechten (Verfassungs- und Gesetzesinitiative, obligatorisches Gesetzes- und Verfassungsreferendum, Finanzreferendum) und institutionalisierte damit eine bisher noch nicht gekannte Qualität von (direkter) Demokratie. Dadurch wurde ein neues Leitbild für den Systemwechsel von der indirekten zur direkten Demokratie in anderen Kantonen und dem Bundesstaat eingeleitet (Kaufmann 2005: 19). Einige bemerkenswerte demokratische „Meilensteine" wurden seit diesem Zeitraum in der Schweiz geschaffen:

⇨ 1874 – Einführung des fakultativen Referendums,
⇨ 1891 – Volksinitiative zur Teilrevision der Verfassung auf Bundesebene,
⇨ 1918 – Einführung des Proporzwahlrechts des Nationalrats (ermöglicht auch den Eingang kleinerer Gruppierungen in das Parlament),
⇨ 1921 (1977 und 2003 erweitert) – Einführung des Staatsvertragsreferendums (ermöglicht die Mitbestimmung der Stimmbürger in der Außenpolitik).

Vom damaligen lockeren Staatenbund der Alten Eidgenossenschaft wurde der Wechsel zum modernen Bundesstaat vollzogen. So besteht die moderne Schweiz aus 20 Kantonen und sechs Halbkantonen, die in relativ weitgehender Autonomie eigene Verfassungen, Regierungen, Parlamente und Gerichte haben. Als Bundesstaat kennt die Schweiz wie viele andere föderalistische Staaten auf Gesamtstaatsebene ein Parlament – die Bundesversammlung – mit zwei Parlamentskammern: Nationalrat und Ständerat. Dieses Parlament wählt die Regierung, den Bundesrat, auf vier Jahre. Die schweizerische Verfassung weist dabei dem Parlament eine recht starke Stellung zu. Kontrolle erfahren diese Organe durch das wahlberechtigte Volk, die bei mehrmals jährlich stattfindenden Volksabstimmungen über Gesetze, Sachfragen und auf Gemeindeebene auch über das Budget direkten Einfluss auf die Politik ausüben können. Im eigentlichen Sinne stellt die Schweiz eine Mischform repräsentativer und direkter Demokratie dar. Doch der Einfluss der direkten Demokratie, die in der Schweiz eine über 150jährige Tradition hat und in der Form der Referendumsdemokratie in Erscheinung tritt, ist stark.

Da in der Schweiz mit Hilfe des Referendums Gesetze durch das Volk zu Fall gebracht werden können, ist es sinnvoll, sich frühzeitig eine breite Unterstützung für ein Gesetzesvorhaben zu sichern. Eine typische schweizerische Vorgehensweise ist dabei die Suche nach Kompromissen und die Anerkennung gegenseitiger Rücksichtnahme. Diese Verhaltensmuster haben den Begriff der Konkordanz[21] beziehungsweise der Konkordanzdemokratie hervorgebracht. Im Rahmen des sog. *Vernehmlassungsverfahrens* holt die Regierung noch vor der parlamentarischen Gesetzesberatung die Stellungnahmen von einer Vielzahl von Parteien, Wirtschaftsverbänden und gesellschaftlichen Institutionen ein. Auf diese Weise wird der „Puls der Volksstimmung" schon frühzeitig gefühlt. Da direkte Demokratie in der Schweiz die gesamte Wählerschaft einbezieht – die politischen Rechte in Bundessachen stehen allen Schweizerinnen und Schweizern zu, die das 18. Lebensjahr vollendet haben und mündig sind –, stellt die Konkordanz das Gemeinwohl in den Vordergrund und nicht die gegenseitige Begünstigung der Parteien. Diese Ausprägungen der Konkordanzdemokratie

---

21 Lateinisch concordare = „ein Herz und eine Seele sein", übereinstimmen.

nähern sich der Idee des allgemeinen Willens (volonté générale) von Jean Jacques Rousseau beträchtlich an. Es ist zweifellos ein hervorstechendes Beteiligungsmerkmal, wenn in der Schweiz das Volk jeder Verfassungsänderung zustimmen muss.

Weiterhin regeln die Bundesverfassung und die kantonalen Verfassungen, welche Arten von Gesetzen und Sachfragen zwingend der Volksabstimmung (obligatorisches Referendum) unterstehen. Darüber hinaus anwendbare Gesetze werden dem fakultativen Referendum zugeordnet, d. h. innerhalb von drei Monaten nach der Verabschiedung eines Gesetzes oder einer Gesetzesänderung durch das Parlament können 50.000 Stimmberechtigte mit ihrer Unterschrift eine Volksabstimmung fordern. Referenden werden, bei geringerer Zahl der Stimmberechtigten, auch bei Beschlüssen der kantonalen Parlamente und der Gemeindeparlamente (in den größeren Gemeinden) angewendet. In kleineren Gemeinden existieren keine Gemeindeparlamente; dort können die Stimmberechtigten mehrere Male im Jahr in Gemeindeversammlungen über Sachfragen (z.B. Steuern, Bauprojekte) diskutieren und abstimmen. An einem Abstimmungswochenende können durchaus mehrere Fragen auf Bundes-, Kantons- und Gemeindeebene zur Entscheidung anstehen. Dabei ist eine große Zahl von ehrenamtlichen, gewählten Stimmenzählern in den Wahllokalen im Einsatz.

Während dem Referendum ein eher bremsender oder unterbindender Charakter zugeschrieben wird, gilt die Volksinitiative als aktivierendes Element. Beide Instrumente müssen in ihrer Wirkungsweise aber zusammen gesehen werden. In der Schweiz kann das Volk sogar per Unterschrift eine Verfassungsänderung auf Bundesebene einfordern. Dafür sind 100.000 Stimmberechtigte notwendig; auf Kantonsebene gelten entsprechend geringere Quoren. Das Parlament besitzt jedoch die Möglichkeit, dem Volk mit der Volksinitiative gleichzeitig einen eigenen Gegenentwurf zur Abstimmung vorzulegen. Zweifellos hat sich in der Schweiz die Volksinitiative zu einem beliebten Instrument entwickelt, um das Parlament politisch unter Druck zu setzen. Allerdings benötigen Verfassungsänderungen auf Bundesebene, im Gegensatz zu Gesetzesvorlagen, neben der landesweiten Mehrheit der gültigen Stimmen auch eine Mehrheit der Kantone (Stände genannt), was sich in der Praxis durchaus als beachtliche Hürde erweisen kann. Das Instrumentarium der Gesetzesinitiative, also die beabsichtigte Änderung eines Gesetzes durch das Volk, kann nur auf Kantons- und Gemeindeebene angewendet werden und im Gegensatz zur Verfassungsänderung nicht auf Bundesebene.

Es gibt durchaus kritische Stimmen in der Schweiz selbst (Gross 2002), die den direktdemokratischen Prozess in der Schweiz als zu wenig fair und zu wenig transparent bezeichnen (Unregelmäßigkeiten bei Abstimmungen oder Abstimmungsmarathons). Diese Kritik resultiert aus einem Bewusstsein direktdemokratischer Traditionen und der langjährigen Erkenntnis, dass die Staatsgewalt dort grundsätzlich auch immer vom Volk auszugehen hat. Aber festzuhalten bleibt: Keine Demokratie auf der Welt ermöglicht seinem Volk ein solches Ausmaß an Kontroll- und Mitbestimmungsbefugnissen.

5.2 Europa – der dominierende Kontinent

Direktdemokratische respektive plebiszitäre Verfahren spielen in den meisten Staaten Europas eine Rolle. So nahm die Zahl der Volksabstimmungen in Europa (insbesondere zum Thema Europa selbst) in den letzten Jahren deutlich zu. Mittlerweile fanden seit 1972 fast 50 Volksentscheide zu Europa statt.

Doch Qualität und Formen der Volksabstimmungen weisen in Europa auf beachtliche Unterschiede hin. Die Volksinitiative und/oder das Volksreferendum existiert in Europa bisher nur in zehn Ländern: Italien, Lettland, Liechtenstein, Litauen, Niederlande, Polen, Schweiz, Slowakei, Slowenien und Ungarn. Eine Agenda-Initiative, also (lediglich) die Initiative hinsichtlich der Befassung mit einem relevanten Politikthema durch die Parlamente, enthalten immerhin die Verfassungen von Albanien, Andorra, Bulgarien, Finnland, Mazedonien, Moldawien, Norwegen, Österreich, Polen, Portugal, Rumänien, San Marino, Serbien, Spanien und subnational, sprich auf Bundesländerebene, Deutschland. Neben dem Volksreferendum bieten auch Italien, Litauen, Niederlande, Schweiz, Slowakei, Slowenien und Ungarn diese Agenda-Initiative an. Nur plebiszitären Charakter haben dagegen die Volksabstimmungen in Belgien, Bulgarien, Estland, Finnland, Frankreich, Griechenland, Großbritannien, Luxemburg, Norwegen, Schweden, Türkei und Zypern. Der *Direkte Demokratieforscher* Bruno Kaufmann hat die ungleiche Verteilung der direktdemokratischen Verfahren in Europa folgendermaßen kommentiert:

> „Diese Verteilung kann erklären, weshalb die ‚von oben' verordneten Plebiszitabstimmungen zwar unter allen registrierten Volksabstimmungen nur eine kleine Minderheit ausmachen, gleichzeitig die grosse [schweizerische Schreibweise, Anm. d. Verf.] Mehrheit der Staaten unter Volksentscheiden nur diese (Un)form des Referendums kennt. Das Verhältnis von vielen direktdemokratischen Entscheiden in wenigen Staaten zu den wenigen plebiszitären Beschlüssen in vielen Ländern kann zudem als Aussage über die Attraktivität der Verfahren betrachtet werden. Oder anders ausgedrückt: nur bürgerfreundliche Instrumente werden letztlich auch rege genutzt und erzeugen dadurch komplementäre Vorteile im Rahmen einer modernen, repräsentativen Demokratie wie verstärkte politische Legitimation und Kontrolle." (Kaufmann 2005: 22).

Im Jahre 2002 wurde durch das IRI Europe ein Länderindex zur Volksgesetzgebung erstellt, der als Design- und Ratingbericht zu den direktdemokratischen Verfahren und Praktiken in 32 europäischen Staaten einen ausdifferenzierte qualitative und quantitative Bestandsaufnahme ermöglichte (Gross/Kaufmann 2002: 5 ff.). Dabei wurde eine Eingruppierung in sechs Staatenkategorien vorgenommen:

⇨ Liechtenstein, Schweiz – die *Avantgardisten* mit einem breiten Spektrum direktdemokratischer Verfahren.

⇨ Dänemark, Irland, Italien, Lettland, Litauen, Slowakei, Slowenien – die *Demokraten* mit der teilweisen Möglichkeit, ohne die Zustimmung der Staatsorgane gesamtstaatliche Volksabstimmungen zu initiieren; außerdem mit dem obligatorischen Referendum ausgestattet.

⇨ Frankreich, Norwegen, Österreich, Schweden, Spanien, Ungarn – die *Vorsichtigen* mit direktdemokratischen Instrumenten, die aber überwiegend durch Regierungen und Parlamente plebiszitär ausgelöst werden und damit nicht durch die Bürgerinnen und Bürger selbst.

⇨ Belgien, Bundesrepublik Deutschland, Estland, Finnland, Griechenland, Großbritannien, Island, Luxemburg, Polen, Tschechische Republik – die *Ängstlichen* mit einigen direktdemokratischen Instrumenten, die aber von den politisch Verantwortlichen nur dosiert zugelassen werden.

⇨ Bulgarien, Malta, Portugal, Rumänien – die *Hoffnungslosen* mit ganz wenigen direktdemokratischen Erfahrungen und Verfahren sowie ungünstigen politischen und kulturellen Rahmenbedingungen, aber wenigstens einer teilweise begonnenen Debatte über direkte Demokratie.

⇨ Türkei, Zypern – die *Schlusslichter* mit keinerlei existierendendirektdemokratischen Entwicklungen (zumindest zum Zeitpunkt der Untersuchung 2002).

Mittlerweile haben die Türkei und Zypern das Plebiszit eingeführt, so dass zumindest eine Zuordnung zu den *Hoffnungslosen* – insofern man sich auf die Kategorisierung einlässt – gerechtfertigt erscheint. Eine tabellarische Übersicht über die direktdemokratischen Verfahren (und Praxis) verdeutlicht die Situation in den meisten europäischen Staaten.

Die Tabelle gibt darüber Aufschluss, dass die Nutzung direkter Demokratie in Europa unterschiedlich ausfällt. Erfahrene Länder wie die Schweiz, Liechtenstein und Italien kennen zahlreiche direktdemokratische Verfahren und wenden diese in der Praxis umfassend an. Auch Länder wie Dänemark, Irland und Slowenien sind mittlerweile recht geübt mit einigen vorhandenen Verfahren und nutzen diese daher in der Praxis relativ oft. Damit unterscheiden sich die Letztgenannten von den Staaten, die zwar mehrere direktdemokratische Verfahren kennen, aber wegen hoher Abstimmungshürden nur selten zur Anwendung kommen (z.B. Portugal, Slowakei, Ungarn). Eine besondere Gruppe bilden die Staaten, die

Tabelle 8: Direktdemokratische Verfahren (und Praxis) in Europa[22]

Land	OR	VR	BR	VI	AI	Pb	Praxis
Belgien						x	keine
Bulgarien						x	(subnational)
Dänemark	x		x			x	oft
Deutschland	(x)				(x)		(subnational)
Estland	x					x	EU
Finnland						x	EU
Frankreich						x	selten
Griechenland						x	keine
Großbritannien						x	(subnational)
Irland	x					x	oft
Island	(x)		x			x	nein
Italien	x	x			x		viel
Lettland	x		x	x			oft
Liechtenstein		x	x	x		x	viel
Litauen	x	x	x	x	x		oft
Luxemburg						x	EU
Malta	x					(x)	EU
Niederlande		(x)*				x	EU
Norwegen						x	EU
Österreich	x				x	x	oft
Polen					x	x	EU
Portugal					x	x	selten
Rumänien			x		x	x	EU
Schweden						x	selten
Schweiz	x	x	x	x	(x)		viel
Slowakei	x	x	x	x			selten
Slowenien		x	x		x	x	oft
Spanien	x				x	x	selten
Tschechien	x						EU
Türkei						x	keine
Ungarn		x	x	x	x		selten
Zypern						x	selten

*Die Niederlande haben ein im Jahre 2000 eingeführtes Volksreferendumsrecht 2005 wieder abgeschafft. Angaben in (Klammern) geben Ausnahmebestimmungen an.
Quelle: IRI Guidebook to Direct Democracy, 2005 Edition (S. 232 ff.).

---

22 Obligatorisches Referendum = OR; Volksreferendum = VR; Behördenreferendum = BR, Volksinitiative = VI; Agenda Initiative = AI; Plebiszit = Pb

das Plebiszit vor allem im Zusammenhang des europäischen Integrationsprozesses anwenden. Dazu zählen beispielsweise Frankreich, Polen und Tschechien. Eine Sonderrolle nehmen auch die Staaten ein, die Verfahren und Praxis der direkten Demokratie auf die lokale und regionale Ebene beschränken. Die Bezeichnung der *Subnationalen* „verdienen" sich an dieser Stelle unter andere Deutschland, Bulgarien und Großbritannien. Schließlich ist zu konstatieren, dass in Europa nur noch eine kleine Minderheit von Ländern übrig bleibt, in denen Referenden oder Plebiszite ohne Bedeutung sind.

Auch in der Europäischen Union selbst sind bescheidene direktdemokratische Ansätze sichtbar geworden, die mehr Mitsprache der Bürgerinnen und Bürger am politischen Prozess in den Mitgliedstaaten erlauben sollen. So findet sich im zweiten Verfassungsentwurf in Artikel I-47 „Grundsatz der Partizipatorischen Demokratie" unter Absatz 4 folgender Text:

> „Mindestens eine Million Bürgerinnen und Bürger aus einer erheblichen Zahl von Mitgliedstaaten können die Kommission auffordern, geeignete Vorschläge zu Themen zu unterbreiten, zu denen es nach Ansicht der Bürgerinnen und Bürger eines Rechtsaktes bedarf, um diese Verfassung umzusetzen. Die Bestimmungen über die besonderen Verfahren und Bedingungen, die für eine solche Bürgerinitiative gelten, werden durch Europäisches Gesetz festgelegt."

Damit liegt zumindest die Form einer Agenda-Initiative als Volksbegehren zur Beauftragung der EU-Kommission mit einer Gesetzgebung vor, die allerdings keinerlei Entscheidungshoheit für die Bürgerinnen und Bürger bereithält. Unglücklich war, dass der Verfassungsprozess 2007 in Europa wegen vielfältiger nationaler Widerstände gestoppt werden musste (siehe die gescheiterten Volksabstimmungen in Frankreich und den Niederlanden sowie das umstrittene Veto Polens gegen die Verfassung). Die Einführung einer Europäischen Verfassung wurde „auf Eis gelegt" und erst einmal gegen das Vorhaben eines europäischen Grundlagenvertrages (Vertrag von Lissabon) eingetauscht. An dieser Stelle zeigte sich das Verfassungsscheitern wohl auch darin, dass der Prozess der Europäischen Integration in erster Linie regierungs- und wirtschaftsgeprägt war und ist. Was ein integratives Verdienst vor allem während der Zeit des Kalten Krieges war, hat heute wegen der überwiegenden Wahrnehmung mangelnder attraktiver politischer Konzepte zu einer Grundskepsis der Bürgerinnen und Bürgern geführt. So verwundert es nur wenig, dass wiederum die Regierenden sich nur vorsichtig an größere politische Reformvorhaben heranwagen – zusätzlich verstärkt durch das unkontrollierbarere Anwachsen der EU auf mittlerweile 27 Staaten (Stand 2011). Das Vertrauen der Regierenden in die Bürgerinnen und Bürger hält sich dabei in Grenzen: Direkte Demokratie gibt es bisher nur auf der nationalen und der subnationalen Ebene, aber eben nicht auf der transnationalen, also der Ebene, welche die gesamte Europäische Union erfasst. Möglicherweise könnte ein größeres Angebot an direkter Demokratie der EU zu mehr Legitimität bei den Bürgerinnen und Bürgern verhelfen und vielleicht sogar eine neue europäische Öffentlichkeit und ein stärkeres europäisches Gemeinschaftsgefühl erzeugen.

5.3 Übrige Welt – der langsame Vormarsch

Schaut man auf die übrige Welt, so geraten unwillkürlich die *Vereinigten Staaten von Amerika* in das Blickfeld, weil sie über eine mehr als hundertjährige Tradition mit direkter Demokratie verfügen. Der Präsident als Staatsoberhaupt und Regierungschef (und wohl mächtigste Politiker der Welt) sowie auch der Kongress, bestehend aus den beiden Parlamentskammern Senat und Repräsentantenhaus, werden durch Persönlichkeitswahl eingesetzt. Die USA setzen sich aus 50 Bundesstaaten zusammen, was insbesondere in der Innenpolitik dezentrale Politikformen aufweist. Denn die einzelnen Staaten und Kommunen haben weitgehende Kompetenzen. In den USA spielen dabei Volksentscheide in den Rechtsordnungen einzelner Bundesstaaten eine wichtige Rolle. Allein in 18 Staaten können Verfassungsinitiativen durch Volksgesetzgebungen eingeleitet werden. Die Hürden für direktdemokratische Verfahren sind eher niedrig, weil Zustimmungsquoren und Finanztabus in den USA keine Anwendung finden und Abstimmungs- bzw. Beteiligungsquoren lediglich zwischen 1 und 4 Prozent liegen. Hinzu kommt, dass Unterstützungsunterschriften frei gesammelt werden können (Verzicht auf Amtsstuben, z.B. Rathäuser) und Eintragungsfristen entweder überhaupt nicht oder über längere Zeiträume (mehrere Monate) gelten. In sog. town meetings insbesondere im Osten der USA erhalten Amerikanerinnen und Amerikaner sogar die Gelegenheit, über den Etat ihrer Stadt und das Salär der Staatsbediensteten abzustimmen. Außerdem steht ihnen die Möglichkeit zu, eigene Vorschläge einzureichen. Die einzelnen Beteiligungen an solchen Abstimmungen sind jedoch in der Regel gering, so dass direktdemokratische Beteiligungsverfahren nicht selten mit regional übergeordneten Wahlen zusammengelegt werden. Beispielhaft sei hier die US-Präsidentschaftswahl von 2004 angeführt: Parallel zu dieser Wahl fanden 163 Referenden in 34 Bundesstaaten statt, die verschiedene Themen zum Gegenstand hatten. Eine direktdemokratische Kultur ist in den USA zweifellos lebendig.

Im Folgenden sollen direktdemokratische Entwicklungen weltweit nur noch kurz gestreift werden. Eine ausführlichere Würdigung eines einzelnen Landes wird nicht mehr vorgenommen, da vergleichbare direktdemokratische Quantitäten wie in Europa und in den USA nicht existieren. Eine interessante direktdemokratische Alternative in der Form des „Bürgerhaushalts" hat sich dennoch in Brasilien auf kommunaler Ebene entwickelt. Die Stadt Porto Alegre hat hier eine Vorreiterrolle eingenommen, indem mit breiter Bürgerbeteiligung über einen Teil des Investitionshaushalts abgestimmt werden kann. Inzwischen findet dieses Modell der Selbstbestimmung weltweit eine ganze Reihe Nachahmer (auch auf kommunaler Ebene in Deutschland), da es sich in der Praxis bewährt hat. In Brasilien wurde es über Porto Alegre hinaus bereits auf die Region Rio Grande do Sul ausgeweitet. Ansonsten zeichnen sich in Lateinamerika Volksabstimmungen bevorzugt durch einen plebiszitären Charakter aus, wie beispielsweise Bolivien, Venezuela oder Ecuador vor geraumer Zeit demonstrierten beziehungsweise entsprechende Abstimmungen ankündigten. Dieser Umstand mag auch mit der starken Stellung vieler Präsidenten zusammenhängen, die hin und wieder unter Zuhilfenahme von Plebisziten ihre Position zu festigen trachten, und zwar bevorzugt dann, wenn zielgerichtete politische Opportunitäten einen gewünschten Erfolg versprechen. Die meisten Erfahrungen mit Volksentscheiden haben Ecuador, Kolumbien und Uruguay in Lateinamerika vorzuweisen.

In *Afrika* sind Volksabstimmungen hin und wieder auf der politischen Tagesordnung, auch wenn diese überwiegend von den Regierenden selbst initiiert werden. Bemerkenswert war z.B. 2005 eine Volksabstimmung in Uganda, welche die Einführung eines Mehrparteiensystems beschlossen hatte. In Kenia wurde per Referendum ein Verfassungsentwurf abgelehnt, was als schwere Schlappe der Regierung zu werten war und in Mauretanien wurde immerhin eine Volksabstimmung auf den Weg gebracht, die eine neue Verfassung sowie eine Amtszeitbegrenzung des Präsidenten vorsieht – zwei nicht unwichtige Schritte auf dem Weg zu einer Demokratisierung des Landes. Einige Jahre vor dem Sturz des Mubarak-Regimes zeigte bereits die geringe Wahlbeteiligung von ca. 25 Prozent bei einem Referendum in Ägypten, welches dem damaligen Präsidenten Mubarak noch weitere politische Machtfülle sicherte, dass hier quasi schon ein Boykott der Bevölkerung gegenüber dem Amtsinhaber stattfand. Auf jeden Fall demonstriert die Öffnung hin zu nationalen Volksabstimmungen in Afrika eine erweiterte demokratische Kultur auf diesem Kontinent. Und manche politischen Machthaber müssen nun erkennen, dass die Bevölkerung nicht nur willfähriges Werkzeug in ihren Händen ist.

In *Asien* schaut die direktdemokratische Lage zwar recht unterschiedlich, aber auch bescheiden aus. Die beiden bevölkerungsreichsten Staaten der Welt – China (ohne erkennbare direkte Demokratie) und Indien (zwar mit der Möglichkeit direkter Demokratie, aber auch rigide in der Handhabung; siehe Verweigerungshaltung gegenüber Kaschmir) – üben hier „vornehme" Zurückhaltung. Das ebenfalls große Indonesien ermöglichte Osttimor 2002 immerhin eine Volksabstimmung, die zur Abspaltung dieser Region führte. Die japanische Regierung ist daran interessiert, ihre Militärpolitik offensiver auszurichten. Dafür bedarf sie der Zustimmung durch einen Volksentscheid, was nicht einfach ist in einem Land, welches nach der Niederlange im Zweiten Weltkrieg in seine Verfassung sogar das Recht und die Fähigkeit zur Kriegsführung ausschloss. Russland, das flächengrößte Land der Erde und den Kontinenten

Asien und Europa zugehörig, hat mit dem Verfassungsgesetz „Über das Referendum in der Russischen Föderation" die Weichen für die Durchführung eines Referendums gelegt. Inwieweit demokratische Regeln tatsächlich zur Anwendung kommen, muss sich in dem zunehmend autoritärer geführten Land noch erweisen. Schließlich soll nicht unerwähnt bleiben, dass auch auf dem Fünften Kontinent, in *Ozeanien*, direkte Demokratie ihre langjährige Tradition hat. Neuseeland und Australien haben schon etliche Erfahrungen mit Volksinitiativen und Volksentscheiden gesammelt. Sicher gäbe es noch eine ganze Reihe von Staaten auf der Welt, die es im Hinblick auf direkte Demokratie verdient hätten, näher betrachtet zu werden (beispielhaft genannt seien hier Ecuador und Mikronesien), aber für die thematische Aufarbeitung dieser Publikation mögen diese internationalen „Streiflichter" an dieser Stelle genügen.

Tabelle 9: Häufigkeit von Volkssachentscheiden auf nationalstaatlicher Ebene der ersten 50 Länder weltweit bis 2011

Rang	Staat	Anzahl Volksentscheide
1	Schweiz	570
2	Neuseeland	120
3	Nördliche Marianen	101
4	Liechtenstein	100
5	Italien	72
6	Mikronesien	57
7	Ecuador	55
8	Australien	51
9	Aserbeidschan*	41
10	Marshall Inseln	39
11	Uruguay	36
12	Irland	33
13	Palau	32
14	Virgin Inseln	28
15	Ägypten*	27
16	Puerto Rico	24
17	Philippinen*	22
18	Dänemark	21

19	Bolivien	20
20	Kolumbien	20
21	Slowenien	20
22	Litauen	19
23	San Marino	19
24	Mexiko	16
25	Schweden	15
26	Slowakei	15
27	Syrien*	15
28	Chile	14
29	Lettland	13
30	Polen	13
31	Botswana	12
32	Malediven*	12
33	Ungarn	12
34	Weißrussland*	12
35	Algerien	11
36	Frankreich	11
37	Kirgisien*	11
38	Marokko	11
39	Cook Inseln	10
40	Brasilien	9
41	Estland	9
42	Griechenland	9
43	Kambodscha	9
44	St. Marteen	9
45	Venezuela	9
46	Komoren	8
47	Rumänien	8
48	Guatemala	7
49	Madagaskar	7
50	Niger	7

*Die Sachentscheide des Volkes waren in diesen Staaten entweder teilweise oder ausnahmslos Entscheide über die Verlängerung der Amtsperiode von Präsidenten (zur Verhinderung tatsächlicher Wahlen) oder dienten der eigenen Machtabsicherung.

Quelle: eigene Darstellung und Datenbank / Centre for Research on Direct Democracy aus: www.c2d.ch

6 Ausblick

Die Etablierung direkter Demokratie in vielen Staaten dieser Welt hat weder, wie manche Kritiker noch vor einigen Jahren unkten, zu einer Unterminierung der repräsentativen Demokratie geführt, noch einen Einzug der Ochlokratie begünstigt. Solche Befürchtungen waren selbstverständlich unbegründet, nicht nur, weil direktdemokratische Verfahren ob ihres materiellen und strukturellen Kommunikations- und Organisationsaufwandes de facto die Ausnahme bleiben, sondern weil die Partizipationsinstrumente zumeist aus parlamentarischen Systemen hervorgegangen sind und sich in ihrer institutionellen Logik daran ausrichten. Nicht vergessen werden darf auch, dass Bürgerbeteiligung immer dann an ihre natürlichen Grenzen stößt, wenn die verantwortlichen Politikakteure sich vorbehalten, wofür sie Bürgerentscheidungen öffnen, um aus einer Vielzahl von politischen Themenmöglichkeiten bestimmte Sachbereiche herauszufiltern. Die Konzeptionen für Bürgerentscheidungen fallen in der Regel so einschränkend und "hürdenreich" aus, dass die "von oben" eingesetzte Bürgerbeteiligung eher spärlich den Weg ins Ziel findet. Da die Ausgestaltung und die Durchführung der unmittelbaren Bürgerbeteiligung in repräsentativen Demokratien außerdem parlamentarischen Wahlregeln beziehungsweise Abstimmungsgrundsätzen unterworfen ist, ist ein Strukturbruch im demokratietheoretischen Beziehungsverhältnis zwischen repräsentativer Demokratie und den Instrumenten direkter Demokratie nicht zu erwarten.

Für die Bundesrepublik Deutschland gilt allemal: Direktdemokratische Instrumente wie Bürgerbegehren und Bürgerentscheid oder Volksbegehren und Volksentscheid sind keine eigenständigen und frei schwebenden Beteiligungsformen, sondern innerhalb der repräsentativen Demokratie institutionell gefasste Politikinstrumente. Die Partizipationsforschung hat anerkannter Weise herausgearbeitet, dass politische Partizipation einen Legitimation und

Akzeptanz stiftenden Zweck erfüllen kann (vgl. z.B. Waschkuhn 1984; von Alemann 1978: 13-40; Barnes/Kaase u.a. 1979; Westle 1994: 137-174). Politische Partizipation ist zweck- und zielorientiertes politisches Handeln und zugleich abhängig von den jeweiligen institutionellen Kontexten. Nicht zuletzt sind direktdemokratische Politikentscheidungen von der Mehrheitsregel abhängig, obwohl die Ja-Nein-Logik der Entscheidungen durch eine fehlende Reflexivität bestimmt ist (Luthardt 1997: 20 ff.). Unter demokratietheoretischen Gesichtspunkten können direktdemokratische Instrumente wie Bürgerbegehren und Bürgerentscheid als Korrektiv das politische System aber entlasten, um die vor überzogenen Erwartungen nicht selten als überhöhter Maßstab geltende repräsentative Demokratie differenzierter zu beurteilen und konsensfähige Entscheidungsprozesse leichter herbeizuführen. Input- als auch Output-Seite des politischen Systems würden damit ein Mehr an politischer Legitimation erfahren.

Die materiellen und strukturellen Handlungsoptionen der unmittelbaren Bürgerbeteiligung sind jedoch relativ strikt begrenzt. Daher stellt sich die Frage, ob Defizite im politischen System vorliegen und der politische Entscheidungsprozess systemgerecht ausgestaltet ist. Denn es kommt darauf an, wer Volksabstimmungen auslösen kann, welche direktdemokratischen Verfahren gelten und welche Rolle in diesem Entscheidungsprozess Parlament und Regierung spielen. In Deutschland wird auf Länderebene die Variante der Volksgesetzgebung bevorzugt, während z.B. in der Schweiz als Vetoinstrument das fakultative Referendum dominiert. In den deutschen Ländern hat das zur Folge, dass die Bürgerinnen und Bürger als Gesetzgeber initiativ werden müssen, in der Schweiz wird dagegen über ein vom Parlament bereits beschlossenes Gesetz abgestimmt. Was in Deutschland auf den ersten Blick attraktiver und fortschrittlicher erscheinen mag, entpuppt sich auf den zweiten Blick als ein direktdemokratisches Angebot mit Tücken. Das Volk erhält zwar die Möglichkeit, Gesetze auch gegen den Willen des Parlaments beziehungsweise der Parlamentsmehrheit durchzusetzen, doch haben sich die Gesetzgeber damit revanchiert, dieses Angebot durch hohe Zustimmungs- und Abstimmungsquoren sowie weitgehende Themenausschlussgegenstände zu beschränken. Die Anwendung in der Praxis hält sich in Grenzen. Ferner bleiben die deutschen Länder, die immerhin direktdemokratische Verfahren in ihre Länderverfassungen integriert haben, auf der Bundesebene bei plebiszitären Gesetzgebungsverfahren praktisch außen vor. Im Sinne einer realistischen Umsetzung von direktdemokratischen Elementen in das Grundgesetz sind daher dem fakultativen Referendum größere Realisierungschancen im Kontext der politischen Kultur Deutschlands einzuräumen.

Da eine moderne Gesellschaft heutzutage nur durch ein ständig dichter werdendes Netz interaktiver und interorganisatorischer Kommunikationsformen noch funktional gestaltet werden kann, verlieren im Übrigen zentralistische Regierungsformen an Boden. Damit gewinnt gleichzeitig in föderalen, dezentralen und regionalen Systemen, welche vielfältige Abstimmungsmechanismen und „Bargaining-Prozesse" erforderlich machen, die politische Selbstorganisation an Bedeutung. Doch das Bürgerengagement erreicht mit den vorliegenden Partizipationsformen nur bedingt politisches Interesse, obwohl eine innovative und diskursive Bürgergesellschaft mit facettenreichen Beteiligungsrechten das Ziel einer lebendigen Demokratie sein sollte.

Für die gesetzgebenden Politikebenen (siehe Bund und Länder) muss sich jedoch die Frage stellen, inwieweit sie eigentlich die geschaffenen direktdemokratischen Innovationen im eigenen System verinnerlicht haben. Eine tatsächliche Akzeptanz ist jedenfalls nur bedingt erkennbar, da die verantwortlichen Akteure von einer Installierung auf Bundesebene bisher abgesehen haben und substanzielle Erweiterungen unmittelbarer Bürgerbeteiligung auf der Länderebene, von wenigen Ausnahmen abgesehen, eher sporadisch stattgefunden haben. Ein gewisser Grad gesellschaftlicher Modernisierung (im Sinne institutionell sich wandelnder direkter Demokratie) lässt sich eigentlich nur anhand der konkreten Ausprägungen kommunalpolitischer Beteiligungsformen in den dafür vorgesehenen lokalen Szenarien konstatieren.

Direkte Demokratie befindet sich in einem fortwährenden Entwicklungsprozess, und es werden zu Recht Fragen nach ihrer Leistungsfähigkeit gestellt wie auch damit in Verbindung zu bringende Erwartungen formuliert (vgl. Jung, Otmar 2001). Dabei werden nicht selten neue Akteure, brauchbare Konzepte und ein reichhaltiger Bedarf an Kommunikation produziert. Befürworter direkter Demokratie führen klare Argumente ins Feld: Politik würde kommunikativer, die Bürger interessierter, somit die viel beschworene „Bürgergesellschaft" gestärkt. „Der Kern der direkten Demokratie ist Diskussion und Kommunikation", sagt der Schweizer Andreas Gross, einer der bekanntesten Verfechter der direkten Demokratie. Er hält das Design der direkten Demokratie für ihre Güte ausschlaggebend. Dabei können zentrale Elemente des Designs voneinander unterschieden werden. Qualität und politische Potenziale der direkten Demokratie für die Gesellschaft lassen sich dabei an einer Vielzahl von Faktoren festmachen:

⇨ die Themen, die außerhalb der Reichweite der Volksabstimmungen liegen (der Umkehrschluss lautet, welche Themen zur Verfügung stehen),
⇨ die Höhe der zu ihrem Gebrauch verlangten Unterschriftenzahlen,
⇨ die Zeit, die dafür zur Verfügung steht,
⇨ die Quoren als Voraussetzung für die Gültigkeit der Volksabstimmungen,
⇨ die Kohärenz der aufeinander abgestimmten Verfahrensbestimmungen,
⇨ die Art der Unterschriftensammlung,
⇨ die Rolle, die das Parlament im direktdemokratischen Prozess spielen kann,
⇨ die Form, wie die Stimmberechtigten informiert werden,
⇨ die Ausgestaltung der Fristen, die den verschiedenen Akteuren gesetzt werden,
⇨ die Ausstattung mit Geld und anderen Ressourcen,
⇨ die Fairness der Kampagnengestaltung und
⇨ die Organisation der Abstimmung (Gross 2002).

Abschließend soll noch einmal auf die Schweiz, das direktdemokratische Musterland, geschaut werden. Für die Schweiz ist direkte Demokratie etwas Selbstverständliches, da das Volk seit mehr als einem Jahrhundert das letzte Wort hat. Interessant am Schweizer

Modell ist, dass Referenden und Volksabstimmungen häufig als Veto-Instrumente eingesetzt werden. Das Volk neigt eher dazu, ein Reformvorhaben der Regierung zu stoppen, als selbst eines zu initiieren. So ist der direkten Demokratie durchaus ein konservatives Strukturelement zu Eigen. Direktdemokratische Entwicklungen vollziehen sich in einem evolutionären Prozess, und es muss noch mehr – politische – Geduld aufgebracht werden als in einem rein repräsentativen System. Dieses kann aber gleichzeitig eine große Stärke sein: Die Zeit, die benötigt wird, um zu diskutieren und den Sachverhalt facettenartig zu beleuchten, kann das Volk in die Lage versetzen, eine vernünftige Entscheidung zu produzieren, die von den Bürgerinnen und Bürgern dann auch mehrheitlich mitgetragen wird. Natürlich bieten Volksabstimmungen keine Gewähr für die Richtigkeit, wie sich an der ablehnenden Haltung gegenüber Minarettbauten gezeigt hat, sondern nur für die Akzeptanz. Diese ist allerdings ein wichtiges Gut der Demokratie. Der legitime Anspruch auf direkte Demokratie ist auch keine „kleinstaatlich-alpine Marotte", sondern eine Kernforderung emanzipatorischer Staatsbürgerlichkeit. Gerade in Haushaltsfragen und Ausgaben mit steuerlicher Relevanz, wo in den meisten deutschen Ländern die Bürgerinnen und Bürger außen vor bleiben, wird das Volk in der Schweiz einbezogen. Die empirischen Befunde dort zeigen, dass die Bürgerschaft viel zurückhaltender bei der Ausgabenpolitik ist als das Repräsentativorgan und dass direkte Volksrechte in Finanzfragen eine positive Wirkung entfalten. So konnte festgestellt werden, dass Steuern in den Schweizer Kantonen, in denen Bürgerinnen und Bürger weitgehend über das Budget mitentscheiden, in geringerem Ausmaß hinterzogen wurden.[23] Und wer will bezweifeln, dass den Bürgerinnen und Bürgern Finanzentscheidungen nicht etwas bedeuten würden.

Letztlich gilt das Wort des amerikanischen Politikwissenschaftlers und Begründers des Ansatzes der „Starken Demokra-

---

23 Die bemerkenswerten Ergebnisse dieser Untersuchungen sind nachzulesen bei Lars P. Feld/Gebhard Kirchgässner, Direkte Demokratie in der Schweiz: Ergebnisse neuerer empirischer Untersuchungen, in: Theo Schiller/Volker Mittendorf (Hrsg.), Direkte Demokratie. Forschung und Perspektiven, Wiesbaden 2002.

tie", Benjamin Barber: „Der Geschmack an Partizipation kommt mit der Partizipation. Demokratie schafft Demokratie." Um dieses Postulat Wirklichkeit werden zu lassen, müssen die verantwortlichen Politikerinnen und Politiker aber dazu bereit sein, weitere politische Handlungsspielräume zu öffnen. Wenn die Politik die politische Zukunft effizient und glaubwürdig gestalten möchte, braucht sie dafür bürgerschaftliche Mitarbeit und damit auch das Vertrauen in mündige Bürgerinnen und Bürger.

7 Glossar

Abstimmungsquorum
Anzahl der abstimmenden Bürger bei einem → *Bürgerentscheid* oder → *Volksentscheid*. Das Quorum bewirkt, dass ein Entscheid nur in dem Fall gültig ist, insofern ein vorgeschriebener Prozentsatz aller Wahlberechtigten sich beteiligt (Beteiligungsquorum) oder ein bestimmter Prozentsatz der Wahlberechtigten der Vorlage zustimmt → (Zustimmungsquorum). Im Unterschied zu klassischen Wahlen entscheiden hier nicht nur die sich beteiligenden Bürger, sondern auch die, die der Abstimmung fern bleiben.

Abwahl des Bürgermeisters
Komplementär zur → Direktwahl des Bürgermeisters in einigen Bundesländern bestehende Möglichkeit der Bürger, die Amtszeit des Bürgermeisters durch → Bürgerentscheid zu beenden. Die Initiative geht in den meisten deutschen Ländern vom Rat aus und ist im jeweiligen Kommunalrecht geregelt. Ausnahmen sind Brandenburg, Nordrhein-Westfalen, Sachsen und Schleswig-Holstein, wo auch bürgerinitiierte Abwahlverfahren möglich sind.

Amtseintragung
Unterschriften für ein → Volksbegehren oder ein → Bürgerbegehren, die in einer dafür bestimmten Behörde geleistet werden (müssen) im Unterschied zur → freien Unterschriftensammlung.

Amtseintragungsfrist
Vorgeschriebene Frist im Verfahren des → *Volksbegehrens/*→ *Bürgerbegehrens*, innerhalb derer die nötigen Unterschriften für den Erfolg eines Begehrens gesammelt werden müssen.

Anhörungsrecht
Das Recht der Initiatoren bzw. der → *Vertrauensleute* einer *Volksinitiative* eines → Bürgerantrags oder eines → *Volksbegehrens/* eines → *Bürgerbegehrens* bei zuständigen Stellen (Parlament, Parlamentsausschüsse, Behörden usw.) in der Sache des Begehrens angehört zu werden.

Antragsquorum siehe Einleitungsquorum

ausgearbeiteter Gesetzesentwurf
Vorschrift, die vorsieht, dass der Gegenstand eines → *Volksbegehrens*, über den die Bürgerinnen und Bürger entscheiden sollen, als rechtsfähige Norm, d.h. in haltbarer Gesetzesform, abgefasst ist, im Gegensatz zur Möglichkeit einer alltagssprachlichen und allgemeinverständlichen Formulierung der Entscheidungsfrage. In der Diskussion umstrittene Forderung, da die Bürgerinnen und Bürger in der Tat über konkrete, umsetzbare Rechtsnormen und nicht über Allgemeinplätze oder „Parolen" abstimmen sollen, andererseits aber eine Kenntnis der komplizierten juristischen Materie und Sprache von ihnen nicht erwartet werden kann.

Banalitätenvorbehalt
Möglichkeit, die Zulässigkeit von → *Volksbegehren/*→ *Bürgerbegehren* einzuschränken, wenn es sich um unwichtige Themen handelt. Dies ist dann möglich, wenn die Begehren durch einen → *Positivkatalog* geregelt sind

Bestandsschutz
Rechtsvorschrift, die garantiert, dass ein durch → *Volksentscheid* zustande gekommenes Gesetz (bzw. analog ein durch → Bürgerentscheid getroffener Beschluss) innerhalb einer bestimmten Frist nicht vom Landtag bzw. dem Kommunalparlament aufgehoben werden kann. Wie der Bestand von Volksgesetzen gehandhabt werden soll, ist umstritten: Einerseits haben Volksgesetze den gleichen Rang wie Parlamentsgesetze und müssen, nach herrschender Meinung, auch wieder geändert werden können; ande-

rerseits wäre das eine Aushöhlung der Wirksamkeit der direkten Demokratie.

Beteiligungsquorum
Bezeichnet den geforderten Mindestanteil aller stimmberechtigten Bürger, die sich an einer Abstimmung beteiligen müssen, damit ein → *Volksentscheid*/ein → *Bürgerentscheid* angenommen wird.

Bürgerantrag
In den Gemeindeordnungen einiger Bundesländer vorgesehene Möglichkeit der Bürger, das Gemeindeparlament mit einem kommunalen Anliegen zu befassen. Da der Bürgerantrag nicht zwingend eine Sachentscheidung des Gemeindeparlaments zur Folge hat, genügt in der Regel eine geringere Unterstützung als bei → *Bürgerbegehren* und → *Bürgerentscheid*. Aus dem gleichen Grund besteht die Möglichkeit, dass auch nicht stimmberechtigte Einwohner (Jugendliche, EU-Ausländer) ihre Anliegen zur Geltung bringen können. In Thüringen und Bremen bezeichnete Variante der → *Volksinitiative*.

Bürgerbefragung
In einigen Bundesländern vorgesehenes Instrument des Bürgermeisters und/oder des Rates, die in der Bürgerschaft vorherrschende Meinung zu einem Thema zu ermitteln. Die Teilnahme der Bürger ist freiwillig und anonym; das Ergebnis von Bürgerbefragungen ist für das Kommunalparlament nicht bindend.

Bürgerbegehren
Das Bürgerbegehren bezeichnet einerseits die Forderung von Bürgerinnen und Bürgern zu einer bestimmten Frage, die in den Kompetenzbereich der Kommune fällt, einen → *Bürgerentscheid* durchzuführen, andererseits das geregelte Verfahren, dieses Ziel zu erreichen. Bürgerbegehren sind in den Gemeindeordnungen der Bundesländer geregelt. Für den Erfolg eines Bürgerbegehrens ist ein festgelegtes → *Unterschriftenquorum* der stimmberechtigten Bürgerinnen und Bürger erforderlich, ebenso die Einhaltung von → *Sammelfristen* und eine positive Entscheidung über die Zulässig-

keit, über die i.d.R. der Rat befindet. Die zulässigen Themen eines Bürgerbegehrens können durch einen → Negativkatalog eingeschränkt oder durch einen → Positivkatalog vorgegeben sein. Häufig wird auch ein → Kostendeckungsvorschlag gefordert. Je nach Gegenstand des Begehrens unterscheidet man zwischen Korrekturbegehren (ein schon getroffener Beschluss der Gemeinde soll gekippt werden) und Initiativbegehren (ein neuer Beschluss soll getroffen werden). Ein erfolgreiches Bürgerbegehren zieht einen → Bürgerentscheid nach sich, es sei denn, der Gemeinderat beschließt vorher schon im Sinne des Begehrens. Analog ist das Verfahren für Begehren in den Landkreisen oder Bezirken.

Bürgerentscheid
Bezeichnet die Abstimmung der Bürgerinnen und Bürger zu einer bestimmten Frage, die in den Kompetenzbereich der Kommune (des Landkreises, des Bezirkes) fällt; findet i.d.R. nach einem erfolgreichen → Bürgerbegehren statt. In fast allen Bundesländern ist für den Erfolg eines Entscheidungsvorschlags ein → Zustimmungsquorum, d.h. ein bestimmter Anteil der stimmberechtigten Bürgerinnen und Bürger, vorgesehen. Dieses → Quorum liegt i.d.R. zwischen 10-30 Prozent (Ausnahme Hamburg). Wenn ein Bürgerentscheid zur geforderten Mehrheit führt, hat die Entscheidung die gleiche Gültigkeit wie ein Ratsbeschluss.

Bürgerfragestunden
In vielen Bundesländern vorgesehene Möglichkeit, dass Bürgermeister, Ratsmitglieder oder Gemeindebeamte zur Beantwortung kommunalpolitischer Fragen den Bürgerinnen und Bürgern zur Verfügung stehen.

Bürgerhaushalt
Bürgerinnen und Bürger erhalten auf kommunaler Ebene die Möglichkeit der Beteiligung, über Teile des Investitionshaushalts mit zu entscheiden. Grundgedanke ist dabei, die Bürger in ihrem Wohnmittelpunkt, dem Stadtteil, aktiv zu beteiligen. Diese relativ junge Form der Bürgerbeteiligung erstrebt mehr Haushaltstransparenz. In Porto Alegre (Brasilien) wurde der Bürgerhaushalt, auch Beteili-

gungshaushalt genannt, erstmals durchgeführt und hat seitdem weltweit (unter anderem in Deutschland) Nachahmer gefunden.

Bürgerversammlung

In vielen Gemeindeordnungen vorgesehene Zusammenkunft der Bürgerinnen und Bürger, bei der Fragen an die Gemeinderepräsentanten gestellt, kommunale Themen (auch mit Experten) erörtert und zur Beratung an das Kommunalparlament weitergegeben werden können. Bürgerversammlungen können andererseits auch Rat und Bürgermeister dazu dienen, die Bürger über wichtige Gemeindeangelegenheiten zu informieren. In einigen Bundesländern ist eine regelmäßige Bürgerversammlung verpflichtend vorgeschrieben.

Direkte Demokratie

1. In der Wirklichkeit der modernen Staaten bezeichnet „direkte Demokratie" alle durch Verfassung und weitere Rechtsvorschriften ermöglichten Verfahren, durch die die stimmberechtigten Bürger eines Staates/eines Bundeslandes/einer Kommune politische Sachfragen durch Abstimmung selbst und unmittelbar entscheiden bzw. auf die politische Agenda setzen. Direkte Demokratie ist also eine Ergänzung und Erweiterung des politischen Entscheidens in repräsentativen Demokratien, wo politisch verbindliche Entscheidungen (im Rahmen der Verfassungsordnung) von gewählten Repräsentanten getroffen werden. Zu den wichtigsten Elementen der direkten Demokratie zählen auf staatlicher Ebene das (Verfassungs-)→ *Referendum*, die → *Volksinitiative*, das → *Volksbegehren* und der → *Volksentscheid*, auf der kommunalen Ebene der → *Bürgerantrag*, das → *Bürgerbegehren* und der → *Bürgerentscheid*. Zu den Elementen der direkten Demokratie dürfen (in einem eingeschränkten Sinne) auch weitere Instrumente gezählt werden, die den Bürgerinnen und Bürgern eine direkte Partizipation am politischen Prozess oder einen Einfluss auf die Auswahl des politischen Personals ermöglichen, so z.B. die Direktwahl der Bürgermeister oder der Landräte.

2. In einem weiteren, eher theoretischen Sinne versteht man unter „direkter Demokratie" eine Herrschaftsordnung, in der die Verfas-

sung der politischen Gemeinschaft und alle verbindlichen politischen Entscheidungen grundsätzlich von allen stimmberechtigten Bürgern bestimmt werden. Dieses Modell einer Politik durch die Vollversammlung aller Bürger kann nur in kleinen politischen Gemeinschaften realisiert werden, wie sie etwa in der antiken Polis gegeben war. In der politischen Theorie hat der französische Philosoph Jean-Jacques Rousseau am radikalsten das Idealbild einer direkten Demokratie gezeichnet.

Direktwahl Bürgermeister (und Landrat)
Wahl des Bürgermeisters/des Landrats durch alle stimmberechtigten Bürgerinnen und Bürger einer Kommune im Unterschied zur Wahl durch das Kommunalparlament/Kreisparlament, also durch gewählte Repräsentanten. Inzwischen in allen Flächenländern eingeführt. Vielfach ist verpflichtend vorgeschrieben, dass Bürgermeisterwahl und Kommunalwahl zu getrennten Terminen abzuhalten sind.

Einleitungsquorum
Derjenige vorgeschriebene Mindestanteil von Unterstützungsunterschriften aus der Menge aller stimmberechtigten Bürger eines → *Volksbegehrens*, der gesammelt werden muss, damit erfolgreich ein → *Volksentscheid* eingeleitet werden kann. Analog gilt ein Einleitungsquorum auch für die erfolgreiche Einleitung eines → *Bürgerentscheids*.

Eintragungsfrist
Vorgeschriebene Frist, innerhalb derer alle notwendigen Unterschriften eingesammelt werden müssen, damit ein → *Volksbegehren* oder ein → *Bürgerbegehren* erfolgreich ist.

Einwohnerantrag siehe auch Bürgerantrag

Fakultatives Referendum
Abstimmungsform, die es erlaubt, eine Entscheidung des Parlaments nachträglich vor das Volk zu bringen (beispielsweise in der

Schweiz bei Einbringung von 50.000 Unterschriften möglich; in Deutschland existiert keine Rechtsgrundlage für Referenden).

Finanzierungsvorschlag
In einigen Bundesländern vorgeschriebenes Zulässigkeitskriterium eines → Volksbegehrens oder eines → Bürgerbegehrens. Dem Begehren ist ein (mehr oder weniger ausgearbeiteter) Vorschlag beizufügen, wie dessen Gegenstand bei entsprechender Haushaltsrelevanz zu finanzieren ist.

Finanztabu, Finanzvorbehalt
Explizit formulierter Ausschluss von allen Fragen, die den Haushalt eines Landes/einer Gemeinde betreffen. In der Bundesrepublik Deutschland übliche Einschränkung der möglichen Themen direktdemokratischer Entscheidung. Der Finanzvorbehalt kann greifen, wenn ein Thema nicht direkt den Finanzhaushalt betrifft, aber indirekt Auswirkungen auf ihn hat. Dann ist es möglich, dass ein Begehren als nicht zulässig betrachtet wird.

freie Unterschriftensammlung
Im Unterschied zur → *Amtseintragung* die Möglichkeit, die notwendigen Unterschriften für eine Begehren auf jede Weise und an allen Orten sammeln zu können, die den Initiatoren möglich sind, z.B. an Infoständen, durch Hausbesuche, in Versammlungen usw.

Haushaltstabu siehe auch Finanztabu

Konkurrenzvorlage
Möglichkeit eines Länderparlamentes, den Bürgerinnen und Bürgern im Verfahren der Volksgesetzgebung einen eigenen Vorschlag zum → *Volksentscheid* zu präsentieren. Dies erweitert die Auswahl, um entweder dem → *Volksbegehren* oder der Konkurrenzvorlage zuzustimmen oder gar beide Vorlagen abzulehnen.

Kostendeckungsvorschlag siehe auch Finanzierungsvorschlag

Kostenerstattung
Analog zur Wahlkampfkostenerstattung der Parteien eine Kompensation der durch eine gültige direktdemokratische Abstimmung entstandene Kosten für die Organisatoren. Diese Kosten können erheblich sein (z.b. durch den Druck von Unterschriftenformularen, von Infomaterialien), werden aber nicht in allen Bundesländern erstattet.

Landsgemeinde
Älteste und einfachste Form schweizerischer Demokratie. Wahl- und stimmberechtigte Bürger versammeln sich an einem bestimmten Tag unter freiem Himmel, um die Regierung zu wählen sowie über Gesetze und Ausgaben zu entscheiden; Landsgemeinden existieren noch im Kanton Appenzell (Innerrhoden und Glarus) und als regionale Landsgemeinden in einigen Bezirken des Kantons Schwyz und kleineren Kreisen des Kantons Graubünden. Auch die in den kleineren und mittleren deutschschweizerischen Gemeinden üblichen Gemeindeversammlungen gelten als örtliche Landsgemeinden.

Negativkatalog
Eine Liste von Themen, die nicht Gegenstand eines → *Volksbegehrens* oder eines → *Bürgerbegehrens* sein dürfen. In der Bundesrepublik betrifft das i.d.R. Fragen des Haushalts (→ *Finanztabu*), Fragen der Besoldung von Beamten und Landes-/Gemeindeangestellten, Abgaben und Gebühren sowie die Organisation der Verwaltung.

Obligatorisches Finanzreferendum
Ein → *Referendum*, das zwingend abgehalten werden muss, wenn bestimmte Haushaltsentscheidungen getroffen werden. In der Schweiz z.B. wird es ab einer bestimmten Größe der Finanzvorlage abgehalten. In Deutschland nicht üblich.

Obligatorisches Referendum
Ein → *Referendum*, das für bestimmte Gesetze zwingend vorgeschrieben ist. In vielen Staaten und in einigen deutschen Bundes-

ländern, so in Bayern und in Hessen, ist z.B. eine Verfassungsänderung durch ein *obligatorisches Verfassungsreferendum* zu entscheiden.

Parlamentsauflösung durch das Volk
In wenigen Bundesländern vorgesehene Möglichkeit, das Parlament innerhalb der Legislaturperiode durch → *Volksbegehren* und → *Volksentscheid* vorzeitig aufzulösen.

Plebiszit
Aus dem lateinischen gezogener Begriff, der übersetzt „Volksbeschluss" besagt. I.d.R. bezeichnet ein Plebiszit eine Volksabstimmung, die von einem Staatsorgan, d.h. Regierung, Präsident oder Parlament, eingeleitet wird. Allgemeiner und etwas unschärfer bezeichnet er den Vorgang, dass die Bürger über eine politische Sachfrage abstimmen.

Positivkatalog
In einigen Bundesländern vorgeschriebene Liste von Themen, die Gegenstand eines → *Volksbegehrens*/eines → *Bürgerbegehrens* und des darauf folgenden Entscheids sein können.

Quorum
Aus dem Lateinischen gewonnener Begriff (quorum = „von denen"). In den Verfahren der direkten Demokratie bezeichnet er einen vorgeschriebenen Mindestanteil von stimmberechtigten Bürgerinnen und Bürgern, der bei einer Unterschriftensammlung bzw. Abstimmung erreicht werden muss, damit ein Begehren oder ein Entscheid erfolgreich ist. Quoren sind vorgesehen, um für die Volksgesetzgebung ein Mindestmaß an Repräsentativität zu gewährleisten und Zufallsmehrheiten zu verhindern; sie können aber auch schwierig zu nehmende Hürden für die direkte Demokratie darstellen, wenn sie zu hoch und deshalb unerreichbar für eine Initiative sind.

Ratsbegehren
In einigen Bundesländern die Möglichkeit des Rates, einen → *Bürgerentscheid* auf den Weg zu bringen und eine kommunale Sachfrage direkt von den Bürgerinnen und Bürgern entscheiden zu lassen.

Referendum
Eine Volksabstimmung, die vom Parlament oder von der Regierung angestoßen wird, um Änderungen der Verfassung (Verfassungsreferendum) oder den Beschluss eines Gesetzes der Entscheidung aller stimmberechtigten Bürgerinnen und Bürger zu unterwerfen. Zu unterscheiden ist zwischen → *obligatorischem* und → *fakultativem* Referendum.

Town Meetings
In verschiedenen Bundesstaaten im Nordosten der USA finden → *Volksversammlungen* als sog. „Town Meetings" statt, die auf die Pilgerväter zurückgehen. Oberstes Verwaltungsorgan in den Gemeinden ist eine offene → *Volksversammlung*. Sämtliche eingetragenen Wähler können das Wort ergreifen und abstimmen. Die Versammlung wird vom „Board of Selectmen" einberufen, ein Gremium, dessen Mitglieder auf vorangegangenen Sitzungen der Town Meetings bestimmt wurden und als eine Art Exekutivorgan fungieren.

Unterschriftenquorum siehe auch Einleitungsquorum

Unterstützungsquorum siehe auch Einleitungsquorum

Verfassungstabu
Bezeichnet die Tatsache, dass in einigen (Bundes-)Ländern Fragen der Verfassung dem Entscheid durch direktdemokratische Verfahren gesetzlich entzogen sind.

Vertrauenspersonen
Ein Kreis von Personen, der benannt werden muss, um verantwortlich die Initiatoren und Unterstützer eines → *Volksbegehrens/* eines

→ *Bürgerbegehrens* und deren Belange gegenüber Parlament, Regierung und (Verfassungs-)Gerichten zu vertreten. Die Vertrauensleute können die Beratung von Behörden oder ihr → *Anhörungsrecht* in Anspruch nehmen, ggf. das Anliegen der Initiative vor Gericht verteidigen; sie sind gleichzeitig der Ansprechpartner für Regierung, Parlament und Behörden.

Volksabstimmungsgesetze
Diejenigen gesetzlichen Bestimmungen, die die in den Landesverfassungen vorgesehenen und nur allgemein bestimmten direktdemokratischen Rechte und Verfahren in den Einzelheiten regeln.

Volksbegehren
Bezeichnet einerseits die Forderung der Bürgerinnen und Bürger eines Bundeslandes, dass über eine von den Initiatoren vorgelegte Frage/ein vorgelegtes Gesetz ein → *Volksentscheid* abzuhalten sei, andererseits das Verfahren, dieses Ziel zu erreichen. Ein Volksbegehren muss von einem festgesetzten Teil der stimmberechtigten Bürger unterstützt werden (→ Unterschriftenquorum → Zustimmungsquorum), um erfolgreich zu sein. Ebenso muss ein Volksbegehren eine → *Zulässigkeitsprüfung* überstehen. Neben dem zu erfüllenden Quorum können weitere zahlreiche Anforderungen gestellt werden, z.B. ein → *ausgearbeiteter Gesetzesentwurf*, → *ein Finanzierungsvorschlag*; das Themenspektrum für Volksbegehren kann durch einen → *Negativkatalog/*→ *Positivkatalog* eingeschränkt sein. Ein erfolgreiches Volksbegehren zieht einen → *Volksentscheid* nach sich, wenn nicht das Parlament schon vorher im Sinne des Volksbegehrens das vorgelegte Gesetz beschließt.

Volksentscheid / Volksabstimmung
Abstimmung aller wahlberechtigten Bürgerinnen und Bürger über ein Gesetz oder eine Verfassungsänderung. I.d.R. folgt die Volksentscheidung einem erfolgreichen → Volksbegehren. Abgeschlossen ist eine Volksentscheidung, wenn die Mehrheit der Stimmen *und* ein bestimmtes → *Zustimmungsquorum* erreicht sind. Mit Abschluss des Verfahrens erreicht das vorgelegte Gesetz Rechtsgültigkeit.

Volksgesetzgebung

Bezeichnet den Prozess, bei dem die Gesamtheit der stimmberechtigten Bürger eines Landes selbst als Gesetzgeber auftritt, und gleichzeitig alle von der Verfassung vorgesehenen Elemente dieses Prozesses, also → *Volksinitiative,* → *Volksbegehren,* → *Volksentscheid.* Man kann in der Bundesrepublik zwischen zwei Stufenformen der Volksgesetzgebung unterscheiden: Die *zweistufige Volksgesetzgebung* aus Volksbegehren und Volksentscheid und die *dreistufige Volksgesetzgebung,* zu der noch die Volksinitiative als erste Stufe hinzukommt.

Volksinitiative

Bezeichnet ein Verfahren, das den Bürgern die Möglichkeit eröffnet, das Parlament mit einer bestimmten Sachfrage zu befassen. Wenn eine Volksinitiative ein bestimmtes → *Quorum* erreicht, muss das Parlament in dieser Sache beraten, ist aber zu keiner Entscheidung verpflichtet. Die Volksinitiative ist somit ein Agenda-Setting-Instrument der Bürgerinnen und Bürger. Nicht alle Bundesländer sehen dieses Instrument vor. Wo es vorgesehen ist, bildet die Volksinitiative die erste Stufe eines dreistufigen Modells der Volksgesetzgebung aus Volksinitiative, → *Volksbegehren* und → *Volksentscheid.* Eine Volksinitiative kann danach direkt zu einem Volksbegehren führen.

Volksversammlungen

Die Volksversammlung gilt als älteste und einfachste Erscheinungsform der Demokratie. I.d.R. wird sie als Zusammenkunft der Bürger auf lokaler Ebene abgehalten; Abstimmungen sind meistens nicht geheim und müssen innerhalb einer festgelegten Zeit durchgeführt werden. Historische Vorbilder gab es im antiken Griechenland und auch im späten Mittelalter an zahlreichen Orten Europas. Heute noch populäre Formen der Volksversammlungen sind die → *Landsgemeinden* in der Schweiz und → *Town Meetings* in den USA.

Zulässigkeitprüfung

Notwendige Hürde für den Erfolg → einer Volksinitiative, eines → Volksbegehrens /→ Bürgerbegehrens. Bezeichnet ein Verfahren, bei dem ein Länderparlament oder eine kommunale Volksvertretung respektive ein staatliches oder kommunales Organ prüfen, ob alle vorgeschriebenen Kriterien einer Initiative oder eines Begehrens erfüllt sind, der entsprechende Antrag also zulässig ist. Diese Kriterien reichen von einem vorschriftsmäßigen Unterschriftenformular bis hin zur Einreichung eines gültigen Finanzierungsvorschlags. In der Praxis scheitern zahlreiche Begehren an der Zulässigkeit.

Zustimmungsquorum

Mindestanteil der Stimmen aller stimmberechtigten Bürger, der erreicht werden muss, damit ein → *Volksentscheid*/ ein → *Bürgerentscheid* zu einer rechtskräftigen Entscheidung gelangt. Auf Landesebene kann das Zustimmungsquorum noch unterschiedlich geregelt sein, je nachdem, ob der Gegenstand des Entscheids ein einfaches Gesetz oder eine Verfassungsfrage betrifft. In den einzelnen Ländern kann das Zustimmungsquorum bei einfachen Gesetzen ohne Quorum (Bayern, Hessen, Sachsen) bis zu 50 Prozent (Saarland) liegen. Bei verfassungsändernden Gesetzen liegt das Zustimmungsquorum zwischen 25 Prozent (als einziges Land Bayern) und einer ganzen Reihe von Ländern mit einem Quorum von 50 Prozent plus einer 2/3-Mehrheit. In zwei Ländern (Hessen, Saarland) ist eine Abstimmung über ein verfassungsänderndes Gesetz gar nicht erst möglich.

Tabellenverzeichnis

Tabelle 1:	Verfahren für Bürgerbegehren und Bürgerentscheid in den 16 Bundesländern 41
Tabelle 2:	Anzahl erfasster Bürgerbegehren in den deutschen Ländern 49
Tabelle 3:	Urwahl von Bürgermeistern und Landräten in den Bundesländern (nur Flächenstaaten) 54
Tabelle 4:	Volksinitiativen im Vergleich der Bundesländer 59
Tabelle 5:	Verfahren für Volksbegehren und Volksentscheid in den 16 Bundesländern 62
Tabelle 6:	Häufigkeit Volksbegehren (VB) und Volksentscheide (VE), 1946-2011 65
Tabelle 7:	Volksentscheide auf nationaler Ebene in der Welt 1793-2010 75
Tabelle 8:	Direktdemokratische Verfahren (und Praxis) in Europa.. 82
Tabelle 9:	Häufigkeit von Volkssachentscheiden auf nationalstaatlicher Ebene der ersten 50 Länder weltweit bis 2011.. 87

Literaturverzeichnis

Alemann, Ulrich von (Hrsg.): Partizipation – Demokratisierung – Mitbestimmung. 2. Auflage. Opladen 1978.

Arnim, Hans Herbert von: Möglichkeiten unmittelbarer Demokratie auf Gemeindeebene. In: Die Öffentliche Verwaltung (DÖV – Heft 3) 1990. S. 85-97.

Barber, Benjamin: Starke Demokratie. Hamburg 1994.

Barnes, Samuel H./Kaase, Max u.a.: Political Action. Mass Participation in Five Western Democracies. Beverly Hills/London 1979.

Bermbach, Udo (Hrsg.): Theorie und Praxis der direkten Demokratie. Texte und Materialien. Opladen 1973

Bevc, Tobias: Politische Theorie. Konstanz 2007.

Feld, Lars P./Kirchgässner, Gebhard: Direkte Demokratie in der Schweiz: Ergebnisse neuerer empirischer Untersuchungen. In: Theo Schiller/Volker Mittendorf (Hrsg.): Direkte Demokratie. Forschung und Perspektiven. Wiesbaden 2002. S. 88-101.

Fraenkel, Ernst: Deutschland und die westlichen Demokratien. Erweiterte Ausgabe. Frankfurt am Main 1991.

Gross, Andreas: Eine Idee macht ihren Weg. Die Schweiz und die zunehmende Verbreitung der direkten Demokratie. In: Neue Zürcher Zeitung (Nr. 294, 18.12.2002).

Gross, Andreas/Kaufmann, Bruno: IRI Europe Länderindex zur Volksgesetzgebung 2002. Ein Design- und Ratingbericht zu den direktdemokratischen Verfahren und Praktiken in 32 europäischen Staaten. Amsterdam 2002.

Guggenberger, Bernd: Demokratietheorien. In: Dieter Nohlen/Rainer-Olaf Schultze (Hrsg.): Lexikon der Politikwissenschaft. Theorien, Methoden, Begriffe. Band 1: A-M. 3. aktualisierte und erweiterte Auflage. München 2005. S. 135-143.

Habermas, Jürgen: Faktizität und Geltung. Beiträge zur Diskurstheorie des Rechts und des demokratischen Rechtsstaates. Frankfurt am Main 1992.

Heußner, Hermann K./Jung, Otmar (Hrsg.): Mehr direkte Demokratie wagen. Volksbegehren und Volksentscheid: Geschichte – Praxis – Vorschläge. München 1999.

Hofmann, Wilhelm: Jürgen Habermas. In: Gisela Riescher (Hrsg.): Politische Theorie der Gegenwart in Einzeldarstellungen. Stuttgart 2004. S. 209-215.

Jung, Otmar: Die Volksabstimmungen der Nationalsozialisten. In: Hermann K. Heßner/Ders. (Hrsg.): Mehr direkte Demokratie wagen. Volksbegehren und Volksentscheid: Geschichte – Praxis – Vorschläge. München 1999. S. 61-73.

Jung, Otmar: Mehr direkte Demokratie wagen. In: Ders./Franz-Ludwig Knemeyer: Im Blickpunkt: Direkte Demokratie. München 2001. S. 15-72

Jung, Otmar/Knemeyer, Franz-Ludwig: Im Blickpunkt: Direkte Demokratie. München 2001.

Jung, Otmar: Grundsatzfragen der direkten Demokratie. In: Andreas Kost (Hrsg.): Direkte Demokratie in den deutschen Ländern. Eine Einführung. Wiesbaden 2005. S. 312-366.

Jung, Sabine: Die Logik direkter Demokratie. Wiesbaden 2001.

Kaase, Max: Partizipatorische Revolution – Ende der Parteien. In: Joachim Raschke (Hrsg.): Bürger und Parteien. Ansichten und Analysen einer schwierigen Beziehung. Opladen 1982: S. 173-189.

Kaufmann, Bruno: Direkte Demokratie in Europa – eine Übersicht. In: Bruno Kaufmann/Georg Kreis/Andreas Gross: Direkte Demokratie und europäische Integration. Die Handlungsspielräume der Schweiz. Basel 2005. S.13-34.

Kaufmann, Bruno/Büchi, Rolf/Braun, Nadja: The IRI Guidebook To Direct Democracy. Köniz 2010

Kost, Andreas: Bürgerbegehren und Bürgerentscheid. Genese, Programm und Wirkungen am Beispiel Nordrhein-Westfalen. Schwalbach/Ts. 1999.

Kost, Andreas: Demokratie von unten. Bürgerbegehren und Bürgerentscheide in NRW. Schwalbach/Ts. 2002.

Kost, Andreas/Wehling, Hans-Georg (Hrsg.): Kommunalpolitik in den deutschen Ländern. Eine Einführung. Wiesbaden 2010, 2. Aufl.

Kost, Andreas (Hrsg.): Direkte Demokratie in den deutschen Ländern. Eine Einführung. Wiesbaden 2005.

Leibholz, Gerhard: Strukturprobleme der modernen Demokratie. Karlsruhe 1958.

Ley, Astrid/Weitz, Ludwig (Hrsg.): Praxis Bürgerbeteiligung. Eine Methodenhandbuch. Bonn 2003.

Lösche, Peter: Direkte Demokratie. In: Dieter Nohlen/Rainer-Olaf Schultze (Hrsg.): Lexikon der Politikwissenschaft. Theorien, Methoden, Begriffe. Band 1: A-M. 3. aktualisierte und erweiterte Auflage. München 2005. S. 162-163.

Luthardt, Wolfgang: Probleme und Perspektiven direkter Demokratie in Deutschland. In: APuZ, B 14/97. S. 13-22.

Mittendorf, Volker: Bürgerbegehren und Bürgerentscheide in Deutschland. Regelungen – Nutzungen – Analysen, in: Hermann K. Heußner/Otmar Jung (Hrsg.), Mehr direkte Demokratie wagen, München 2009, S. 327-342.

Nohlen, Dieter/Schutze, Rainer-Olaf (Hrsg.): Lexikon der Politikwissenschaft. Theorien, Methoden, Begriffe. Band 1: A-M und Band 2: N-Z. 3. aktualisierte und erweiterte Auflage. München 2005.

Patzelt, Werner J.: Direkte Demokratie in Sachsen. In: Andreas Kost (Hrsg.): Direkte Demokratie in den deutschen Ländern. Eine Einführung. Wiesbaden 2005. S. 256-263.

Paust, Andreas: Arbeitshilfe Bürgerbegehren und Bürgerentscheid. Ein Praxisleitfaden. Bonn 2005.

Rousseau, Jean Jacques: Der Gesellschaftsvertrag. Stuttgart 1977.

Schiffers, Reinhard: Schlechte Weimarer Erfahrungen? In: Hermann K. Heußner/Otmar Jung (Hrsg.): Mehr direkte Demokratie wagen. Volksbegehren und Volksentscheid: Geschichte – Praxis – Vorschläge. München 1999. S. 41-60.

Schiller, Theo/Mittendorf, Volker (Hrsg.): Direkte Demokratie. Forschung und Perspektiven. Wiesbaden 2002.

Schiller, Theo/Mittendorf, Volker: Neue Entwicklungen der direkten Demokratie: In: Dies. (Hrsg.): Direkte Demokratie. Forschung und Perspektiven. Wiesbaden 2002. S. 7-21.

Tschudi, Lorenz: Kritische Grundlegung der Idee der direkten Rätedemokratie im Marxismus. Basel 1952.

Waschkuhn, Arno: Partizipation und Vertrauen. Opladen 1984.

Wassermann, Rudolf: Die Zuschauerdemokratie. München 1986.

Wehling, Hans-Georg: Der Bürger in der Kommunalpolitik. In: Gerd Hepp/Siegfried Schiele/Uwe Uffelmann (Hrsg.): Die schwierigen Bürger. Schwalbach/Ts. 1994a. S. 52-68.

Wehling, Hans-Georg: Kommunalpolitik (Informationen zur plitischen Bildung 242). Bonn 1994b.

Wehling, Hans-Georg: Kommunale Verfassungsreform: Vergleich der kommunalen Verfassungssysteme in Deutschland. In: Uwe Andersen (Hrsg.): Gemeinden im Reformprozeß. Schwalbach/Ts. 1998. S. 19-33.

Wehling, Hans-Georg: Rat und Bürgermeister in der deutschen Kommunalpolitik. Ein Rückblick auf die Reformprozesse. In: Andreas Kost/Ders. (Hrsg.): Kommunalpolitik in den deutschen Ländern. Eine Einführung. Wiesbaden 2010. S. 351-366. 2. Aufl..

Wehling, Hans-Georg: Direkte Demokratie in Baden-Württemberg. In: Andreas Kost (Hrsg.): Direkte Demokratie in den deutschen Ländern. Eine Einführung. Wiesbaden 2005. S. 14-28.

Westle, Bettina: Politische Partizipation. In: Oscar W. Gabriel/Frank Brettschneider (Hrsg.): Die EU-Staaten im Vergleich. Strukturen, Prozesse, Politikinhalte. Opladen 1994. S. 131-174.

Weixner, Bärbel Martina: Direktdemokratische Beteiligung in Ländern und Kommunen. In: Politische Partizipation zwischen Konvention und Protest. Eine studienorientierte Einführung. Opladen 2006. S. 100-132.

Wili, Hans-Urs: „Government by the people" – „providentia Die ac confusione hominum"? Direkte Demokratie in der Schweiz. In: Gerhard Hirschner/Roman Huber (Hrsg.): Aktive Bürgergesellschaft durch bundesweite Volksentscheide? Direkte Demokratie in der Diskussion. 2006 München. S. 61-87.

Kommentierte Literatur- und Internethinweise

Literatur

Heußner, Hermann K./Jung, Otmar (Hrsg.): Mehr direkte Demokratie wagen. Volksentscheid und Bürgerentscheide: Geschichte – Praxis – Vorschläge. München 2009. 2. Aufl.

Direkte Demokratie wird in diesem Sammelband nicht als Gegenprinzip zum parlamentarischen System interpretiert, sondern als mögliche Ergänzung. Die thematische Bandbreite reicht von theoretischen Reflexionen, historischen Aufarbeitungen, internationalen Betrachtungen (Schweiz, USA, Italien) über Darstellungen der unmittelbaren Bürgerbeteiligung in den deutschen Ländern, in Gemeinden und Kreisen bis hin zu direktdemokratischen Praxisfällen. Das Buch macht Leserinnen und Leser anschaulich und engagiert mit Strukturalternativen bzw. -ergänzungen parlamentarischer Demokratie vertraut.

Hoecker, Beate (Hrsg.): Politische Partizipation zwischen Konvention und Protest. Eine studienorientierte Einführung. Opladen 2006.

Der breit aufgestellte Sammelband bietet eine Einführung in das Gebiet der Partizipationsforschung und untersucht auf der Basis theoretischer wie methodischer Grundlagen die unterschiedlichen Formen politischer Beteiligung. In den einzelnen Beiträgen werden unter anderem die Teilnahme an Wahlen, parteibezogene Partizipation, direktdemokratische Beteiligung, politisches Protestverhalten sowie auch das politische Verhalten ausgewählter Bevölkerungsgruppen analysiert. Der Band richtet sich in erster Linie an ein studentisches Publikum.

Jung, Otmar/Knemeyer, Franz-Ludwig: Im Blickpunkt: Direkte Demokratie. München 2001.

Die Autoren dieser Schrift nehmen Grundfragen direkter Demokratie in den Blick und analysieren ihre historische Entwicklung und aktuellen Probleme in Deutschland. Dabei entsteht eine abwechslungsreiche und optimistische Darstellung der unmittelbaren Bürgerbeteiligung als Demokratieform auf den verschiedenen föderalen Ebenen. Juristisch präzise werden verfassungs- und einfachgesetzliche Regelungen repräsentativer und direkter Demokratie durchleuchtet. Der Reiz der Lektüre liegt unter anderem auch darin, dass die Positionen der Autoren durchaus unterschiedliche Bewertungen direkter Demokratie erlauben.

Jung, Sabine: Die Logik direkter Demokratie. Wiesbaden 2001.

In diesem Buch, das auf einer Dissertation basiert, wird von der Autorin der anspruchsvolle Versuch unternommen, eine demokratisch-typologische Einordnung und Wirkungstheorie zu erstellen. Es gelingt, den Zusammenhang zwischen direktdemokratischen Verfahren und den jeweiligen politischen Systemen, in denen diese vorkommen können, sichtbar zu machen und die Frage zu beantworten, welche dieser Verfahren mit welchen Typen der Demokratie kompatibel sind. Das Buch ist gekennzeichnet durch eine abstrakte Systemlogik und erfordert Kenntnisse der politischen Praxis, damit beide Faktoren nachvollziehbar in Beziehung zueinander gesetzt werden können.

Kost, Andreas (Hrsg.): Direkte Demokratie in den deutschen Ländern. Eine Einführung. Wiesbaden 2005.

Direkte Demokratie stellt sich auf Länder- und Kommunalebene vielgestaltiger und differenzierter dar als auf Bundesebene. Eine systematische und vergleichende Darstellung der verschiedenen direktdemokratischen Formen fehlte bislang. Dieses Defizit wurde durch den vorliegenden Sammelband behoben. Auf der Landesebene stehen Volksinitiative/Bürgerantrag sowie Volksbegehren und Volksentscheid im Mittelpunkt. Die kommunale Ebene enthält die thematischen Schwerpunkte Bürgermeisterdirektwahl sowie die direktdemokratischen Instrumente Bürgerbegehren und Bürgerentscheid. Anknüpfend an die 16 Länderbeiträge fasst ein Überblicksartikel Grundsatzfragen direkter Demokratie zusammen.

Rux, Johannes: Direkte Demokratie in Deutschland. Rechtsgrundlagen und Rechtswirklichkeit der unmittelbaren Demokratie in der Bundesrepublik Deutschland und ihren Ländern. Baden-Baden 2008.

In seiner Habilitationsschrift stellt der Autor Gemeinsamkeiten und Unterschiede der Verfahrensbestimmungen von Volksinitiativen, Volksbegehren und Volksentscheiden in den Ländern dar. Dabei wird dokumentiert, dass die Rückkoppelungen zwischen den Bürgern und ihren Repräsentanten nur unvollkommen zum Ausdruck kommen. Anhand der praktischen Erfahrungen mit diesen Regelungen wird einerseits gezeigt, dass viele Gesetzgeber Hürden errichtet haben, die sich in der politischen Praxis schwer überwinden lassen, andererseits aber auch Anhaltspunkte für eine Optimierung der Verfahren existieren.

Schiller, Theo: Direkte Demokratie. Eine Einführung. Frankfurt am Main 2002.

Der Band stellt eine grundlegende Einführung in das Themenfeld direkte Demokratie dar. Dabei erklärt der Autor unterschiedliche Verfahren wie etwa Volksbegehren/Volksentscheide sowie Bürgerbegehren/Bürgerentscheide und skizziert deren historische Hintergründe. Er präsentiert direktdemokratische Regelungen in Deutschland, der Schweiz, den USA und anderen Staaten, und er erörtert auf kohärente Weise Ergebnisse und Wirkungen durchgeführter Abstimmungen. Dabei finden demokratietheoretische Hintergründe, aber auch institutionelle Aspekte eine angemessene Würdigung.

Schiller, Theo/Mittendorf, Volker (Hrsg.): Direkte Demokratie. Forschung und Perspektiven. Wiesbaden 2002.

Der Themenbereich „Direkte Demokratie" hat mittlerweile zu zahlreichen theoretischen und empirischen Forschungsaktivitäten angeregt. In dem Sammelband werden 22 Forschungsbeiträge –

mit nationalen und internationalen Bezügen – zur direkten Demokratie zusammengefasst. So sind der Forschungsstand, die verschiedenen direktdemokratischen Verfahren, die Anwendungsbereiche, die Kommunikationsstrukturen und die Systemwirkungen im repräsentativen Kontext Gegenstand der vielfältigen Betrachtungen. Diese bilden eine breite Grundlage für fundierte wissenschaftliche und politische Diskussionen über Perspektiven direkter Demokratie.

Weixner, Bärbel Martina: Direkte Demokratie in den Bundesländern. Opladen 2002.

In dem Band wird ausschließlich die Landesebene im Zusammenhang mit direkter Demokratie beleuchtet. Auf politikwissenschaftlicher Basis stellt die Autorin neben historischen Komponenten der Beteiligung des Volkes an Verfassungsgebung und Länderbildung den normativen Ist-Zustand in den Mittelpunkt. Anhand politikwissenschaftlicher Kriterien erläutert sie im Ländervergleich plebiszitäre Instrumente zur Verfassungsänderung oder Gesetzgebung sowie bei Personalentscheidungen. Das Buch hat Forschungslücken zur direkten Demokratie auf Landesebene geschlossen.

Internet

www.disud.org (Deutsches Institut für Sachunmittelbare Demokratie e.V.)

Das DISUD ist ein Wissenschaftsinstitut mit Sitz in Dresden, welches in seiner Forschung zur sachunmittelbaren Demokratie sowohl theoretisch als auch empirisch forscht. Ein wissenschaftlicher Beirat unterstützt das Institut. Es führt auch wissenschaftliche Tagungen und sog. monatliche Gesprächsrunden zur Thematik durch. Eine eigene Schriftenreihe „Studien zur Sachunmittelbaren Demokratie (StSD)" dokumentiert die Arbeit des Instituts. Ein reger wissenschaftlicher Austausch wird auf dem Gebiet der sachunmittelbaren Demokratie geführt, und Studienreisen in die Schweiz an dort führende Universitäten beinhalten direktdemokratische Anregungen sowie einen entsprechenden fachlichen Gedankenaustausch.

www.forschungsstelle-direkte-demokratie.de (Forschungsstelle für Bürgerbeteiligung und Direkte Demokratie)

Die Forschungsstelle Bürgerbeteiligung und direkte Demokratie an der Universität Marburg befasst sich seit 1997 mit der Erforschung von themenzentrierten Beteiligungsverfahren (direktdemokratische Sachentscheidungen wie Bürgerbegehren und Bürgerentscheide, aber auch runde Tische oder sog. Mediationsverfahren). Untersucht werden vor allem die Qualifizierungspotenziale dieser Verfahren. Schwerpunkt der Arbeit der Forschungsstelle liegt bei direktdemokratischen Verfahren, also einerseits Volkinitiativen, Volksbegehren und Volksentscheide auf Ebene der Staaten und Bundesländer und andererseits Bürgerbegehren und Bürgerentscheide auf Ebene der Städte und Gemeinden. Bemerkenswert ist die Datenbank mit der umfassenden und ausführlichen Erfassung der direktdemokratischen Verfahren auf der Internet-Seite der Forschungsstelle.

www.mehr-demokratie.de (Mehr Demokratie e.V.)

Der Verein „Mehr Demokratie e.V." ist eine bundesweit tätige Bürgerinitiative mit dem Ziel, Bürgerbeteiligung und Volksabstimmungen auf allen politischen Ebenen – von der kommunalen Ebene bis zur Ebene der Europäischen Union – zu ermöglichen. Mehr Demokratie wurde 1988 von einigen engagierten Personen in Bonn gegründet und hat mittlerweile ca. 6.000 Mitglieder und Förderer sowie 14 Landesverbände. Der Verein bietet vielfältige Informationen zur direkten Demokratie im Internet an und gibt jährlich einen Volksbegehrens-Bericht für Deutschland heraus. Vorstand und Mitgliederversammlung werden von einem Kuratorium beraten. Mehr Demokratie veranstaltet öffentliche Diskussionen und berät bei Bürger- und Volksbegehren. Außerdem werden Versuche unternommen, neue Formen der Bürgerbeteiligung zu entwickeln.

Neu im Programm Politikwissenschaft

Ulrich von Alemann
Das Parteiensystem der Bundesrepublik Deutschland
Unter Mitarbeit von Philipp Erbentraut | Jens Walther
4., vollst. überarb. u. akt. Aufl. 2011. 274 S. (Grundwissen Politik) Br. EUR 24,95
ISBN 978-3-531-17665-9

In der parlamentarischen Demokratie nehmen Parteien eine zentrale Vermittlerrolle zwischen Staat und Gesellschaft ein. Deshalb ist es wichtig, ihre historische Entwicklung, die rechtlichen Rahmenbedingungen sowie ihre soziologischen Besonderheiten näher zu beleuchten. Über diese Grundfragen hinaus widmen sich die Autoren des Lehrbuchs auch aktuellen Herausforderungen, wie etwa der Parteienverdrossenheit oder der Diskussion um eine gerechte Parteienfinanzierung. Damit bietet dieses Standardwerk eine fundierte, aber zugleich kompakte und verständliche Einführung in das Parteiensystem der Bundesrepublik Deutschland.

Erhältlich im Buchhandel oder beim Verlag.
Änderungen vorbehalten. Stand: Januar 2012.

Oliver W. Lembcke | Claudia Ritzi | Gary S. Schaal
Zeitgenössische Demokratietheorie
Band 1: Normative Demokratietheorien
ca. EUR 49,95
ISBN 978-3-531-19292-5

Das Buch diskutiert die zentralen Demokratietheorien der letzten Jahrzehnte nach einem einheitlichen Analyseschema. Die Einzeldarstellungen sind eingebettet in die Erörterung der größeren Entwicklungslinien innerhalb der vier zentralen demokratietheoretischen Paradigmen.

Udo Kempf | Jürgen Hartmann
Staatsoberhäupter in der Demokratie
2012. 329 S. mit 21 Tab. Br. EUR 24,95
ISBN 978-3-531-18290-2

Das Staatsoberhaupt zeichnet sich in den etablierten Demokratien durch den größten Variantenreichtum aus. Das konstitutionelle und das politische Format des Amtes klaffen teilweise weit auseinander. Dieses Buch schildert die Rolle des Staatsoberhauptes in Deutschland, Finnland, Frankreich, Italien, Österreich, Polen, den USA und in den europäischen Monarchien. Die an die Typologie demokratischer Regierungssysteme angelehnten Fallstudien erörtern unter anderem die historische Prägung des Staatsoberhauptes und sein Verhältnis zu Parlament und Regierung.

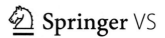

Einfach bestellen:
SpringerDE-service@springer.com
tel +49(0)6221/345–4301
springer-vs.de

Neu im Programm
Politikwissenschaft

Jahn, Detlef

Vergleichende Politikwissenschaft

2011. 124 S. (Elemente der Politik) Br.
EUR 12,95
ISBN 978-3-531-15209-7

Die Vergleichende Politikwissenschaft ist eines der bedeutendsten und innovativsten Teilgebiete der Politikwissenschaft, das durch die Fokussierung auf die vergleichende Methode eine besonders ausgeprägte Analysekraft besitzt. Dieser Band führt auf knappen Raum und in verständlicher Form in alle wichtigen Aspekte der Vergleichenden Politikwissenschaft ein und weist auf die neuesten Entwicklungen der Disziplin hin.

Schmid, Josef

Wohlfahrtsstaaten im Vergleich

Soziale Sicherung in Europa: Organisation, Finanzierung, Leistungen und Probleme
3., überarb. u. akt. Aufl. 2011. 546 S. Br.
EUR 24,95
ISBN 978-3-531-17481-5

Ein Lehrtext zum Problemkreis: Wie funktioniert der Wohlfahrtsstaat in verschiedenen Ländern, mit welchen Problemen und Perspektiven? Untersucht werden unterschiedliche Fälle, Felder und Probleme der Sozialen Scherung, wobei eine enge Verbindung wissenschaftlicher Analyse mit politisch-praktischen Aspekten verfolgt wird. Die vorliegende 3. Auflage wurde umfassend aktualisiert und erweitert.

Theunert, Markus

Männerpolitik

Was Jungen, Männer und Väter stark macht

2012. 300 S. mit 20 Abb. Br. EUR 24,95
ISBN 978-3-531-18419-7

Die rechtliche Gleichstellung ist weitgehend verwirklicht. Bis zur gelebten Chancengleichheit bleibt ein langer Weg. Um ihn zu gehen, braucht es beide Geschlechter. Darin besteht Einigkeit. Doch was ist nun genau der gleichstellungspolitische Beitrag der Jungen, Männer und Väter? Welche Herausforderungen stellen sich ihnen? Welche Anliegen und Perspektiven haben sie? Mit dem vorliegenden Buch liegt erstmals für den deutschen Sprachraum ein Referenzwerk vor, das die Legitimation von Jungen-, Männer- und Väterpolitik(en) klärt; männerpolitische Konzeptionen, Ansätze und Anliegen fachlich fundiert und differenziert; die institutionellen Akteure und deren Politik(en) in Deutschland, Österreich und der Schweiz vorstellt; den Geschlechterdialog stärken und auf Männerseite Leidenschaft für das „Projekt Gleichstellung" entfachen will.

Erhältlich im Buchhandel oder beim Verlag.
Änderungen vorbehalten. Stand: Januar 2012.

Einfach bestellen:
SpringerDE-service@springer.com
tel +49(0)6221/345-4301
springer-vs.de

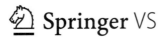

Printed by Publishers' Graphics LLC
BT20130321.12.05.100